总主编 胡云腾
学术总顾问 高铭暄

北京师范大学刑事法律科学研究院
外国刑法典译丛

瑞典刑法典

DEN SVENSKA BROTTSBALKEN

周振杰◎译

法律出版社
LAW PRESS·CHINA
北京

图书在版编目(CIP)数据

瑞典刑法典 / 周振杰译. -- 北京 : 法律出版社,
2023
(北京师范大学刑事法律科学研究院外国刑法典译丛)
ISBN 978 - 7 - 5197 - 7505 - 6

Ⅰ. ①瑞… Ⅱ. ①周… Ⅲ. ①刑法－法典－瑞典
Ⅳ. ①D953.24

中国国家版本馆 CIP 数据核字(2023)第 011191 号

瑞典刑法典
RUIDIAN XINGFADIAN

周振杰　译

策划编辑 朱　峰
责任编辑 马秋婧　金　姗
装帧设计 臧晓飞

出版发行 法律出版社
编辑统筹 辞书·融出版编辑部
责任校对 晁明慧　王　皓
责任印制 吕亚莉
经　　销 新华书店

开本 710 毫米×1000 毫米　1/16
印张 9.5　　**字数** 150 千
版本 2023 年 6 月第 1 版
印次 2023 年 6 月第 1 次印刷
印刷 北京建宏印刷有限公司

地址:北京市丰台区莲花池西里 7 号(100073)
网址:www.lawpress.com.cn
投稿邮箱:info@lawpress.com.cn
举报盗版邮箱:jbwq@lawpress.com.cn

销售电话:010 - 83938349
客服电话:010 - 83938350
咨询电话:010 - 63939796

书号:ISBN 978 - 7 - 5197 - 7505 - 6　　**定价**:42.00 元

总　　序

刑法是惩罚犯罪与保障人权的重器，刑法典是法律体系中的大典。当今世界，各国无不重视制定和修订刑法，不仅实行成文法传统的大陆法系国家均制定了刑法典并不断加以修订，如德国、法国和日本等，而且实行案例法传统的英美法系国家也制定了单行的刑法或者统一的刑法典，前者如英国、美国，后者如印度、新加坡等。用刑法典或者成文刑法维护国家安全和根本利益，保障公民人身和财产权利，保护经济发展和社会稳定，已经成为各国通行的做法和全球化趋势。

新中国成立以来，党和国家高度重视刑事立法。新中国成立之初，中央人民政府就制定了《中华人民共和国惩治反革命条例》《妨害国家货币治罪暂行条例》《中华人民共和国惩治贪污条例》等单行法律，为惩治相关犯罪提供了明确依据。改革开放以后，全国人民代表大会在1979年颁布的7部重要法律中，就有《中华人民共和国刑法》，这是新中国制定的第一部具有刑法典性质的刑法。此后，为适应严厉打击刑事犯罪的需要，全国人大常委会相继制定了20多部单行刑法，并在一些行政和民商事法律中附带规定了刑法的内容。1997年，全国人民代表大会出于统一刑事立法的考虑，通过系统整合1979年刑法、单行刑法和附属刑法规范，全面修订了《中华人民共和国刑法》，这实际上是一部名称上没有加“典”字的刑法典，首次实现了刑法体系的科学化和系统化。

1997年刑法实施以后，刑法的修改一直采取修正案的形式，全国人大常委会现已出台了11个刑法修正案，在不打乱1997年刑法体系的基础上，增加、修改和完善了刑法的大量内容。与此同时，国家立法机关还制定了《中华人民共和国反有组织犯罪法》《中华人民共和国反电信网络诈骗法》等含有诉讼程序、工作机制和刑法规范的综合性刑事法律，开创了刑事立法的新模式。

需要指出的是，我国在制定和修改刑法的各个时期中，学术界和立法机关都注意研究、借鉴域外的刑事立法规范和经验。改革开放40多年来的立法实践证明，这种坚持"以我为主、为我所用"的做法是实现我国刑事立法不断与时俱进，促进刑法体系现代化的有益举措。进入新时代，为了贯彻习近平总书记2020年11月在中央全面依法治国工作会议上提出的"坚持统筹推进国内法治和涉外法治"的要求，贯彻落实党的二十大报告关于"统筹推进国内法治和涉外法治"和"以中国式现代化全面推进中华民族伟大复兴"的重大部署，我们更要注重研究借鉴域外法治经验。统筹推进国内法治和涉外法治，实现中国式现代化，其中重要的内容就是法治的现代化，而法治现代化建设需要国际视野，法治现代化的重要特征是法治国际化。故翻译其他国家刑法（典），博采众长为我所用、与我互动，是完善我国刑法、推进刑事法治现代化的必要条件，也是统筹推进国内法治和涉外法治的有力举措。正是出于贯彻落实党中央和习近平总书记统筹推进国内法治和涉外法治的要求，全面、系统地了解、研究、借鉴相关国家刑事立法的最新发展，北京师范大学刑事法律科学研究院与法律出版社密切合作，决定组织翻译、出版一批外国刑法（典）。

回顾历史，在中华法系从自成一体到开放兼收的转变历程中，翻译外国法律（典）的工程功不可没。经查询北京师范大学图书馆、首都图书馆及国家图书馆有关资料，我国翻译、出版代表性国家刑法（典）的活动肇始于清末修法运动，自1903年出版邱起霖笔述《印度刑律二卷》到2023年120年间，约有138部刑法（典）译作在国内出版。总体上讲，我国翻译和引介外国刑法（典）的历史大致划分为四个时期。

第一个时期是清末民初时期。清政府决定变法修律后，先于1904年设立了修订法律馆，后于1905年设立了考察政治馆。在考察西方国家主要是大陆法系国家法律的基础上，作出了变法要效法日本法律制度的抉择。之所以如此，正如时任清廷修律大臣沈家本所言：日本旧时制度，唐法为多。明治以后，采用欧法，不数十年，遂为强国，是岂徒慕欧法之形式而能若是哉？其君臣上下，同心同德，发愤为雄，不惜财力以编译西人之书，以研究西人之学，弃去糟粕而撷其英华，举全国之精神，胥贯注于法律之内，故国势日张，非偶然也。[①] 故在1904年与1905年出版的10部刑法(典)译作中，日本不同版本的刑法占了7部；至1911年辛亥革命前夕，以单行本、法规大全等形式出版的37部刑法(典)译作中，有关日本刑法的有17部。

第二个时期是辛亥革命胜利至新中国成立时期。辛亥革命虽然推翻了清王朝，但是清末修法的影响得以延续，尤其是在刑法方面，民国政府决定：晚清政府仿效大陆法系国家刑法制定并于1911年正式公布的"《大清新刑律》除与民国国体抵触各条应失效力外，余均暂行援用"，故而更名为《中华民国暂行新刑律》。之后，又聘请日本学者参与并参照欧陆日本刑事立法，尤其是德国、日本刑法，相继制定了2部《中华民国刑法》。与此同时，在革命根据地，苏联法律发挥了重要影响。[②] 这一时期翻译出版的7部刑法(典)译作中，2部为德国刑法、3部为苏联刑法。

第三个时期是新中国成立至改革开放时期。新中国成立之后，苏联立法成为新中国借鉴的立法样本，正如日本学者铃木贤所言："对于极其缺乏对西方法律研究积累的当时的中国而言，苏联法成为唯一的参考对象。"[③]因此，在1949年至1979年之间翻译出版的9部刑法(典)译作中，有3部是苏联刑法；其余除1957年法律出版社出版的《印度刑法典》外，都为前苏联国家的刑法。需要指出的是，受国内形势影响，在1962年至1979年之间，并无外国刑法(典)译作出版。

第四个时期是改革开放至新时代时期。这一时期又可分为两个阶段。第一个阶段是20世纪80年代到90年代。在这段时期，虽然更多国家的刑法(典)被翻译进来，而且出现了英美法系国家的刑法(典)译本，但主要还是以大

---

① 参见沈家本：《新译法规大全序》，载沈家本撰：《历代刑法考》(四)，邓经元、骈宇骞点校，中华书局1985年版，第2242页。

② 参见范忠信、叶峰：《中国法律近代化与大陆法系的影响》，载《河南省政法管理干部学院学报》2003年第1期。

③ 王志华：《苏联法影响中国法的几点思考》，载《华东政法大学学报》2008年第1期。

陆法系国家刑法的译本为主。据不完全统计，在 1980 年至 2000 年之间翻译出版的 14 部刑法（典）译作中，绝大多数为德国、日本、韩国等属于大陆法系国家或地区的刑法，英美法系国家的刑法仅有 1998 年四川大学出版社出版的《印度刑法典》与 1999 年中国政法大学出版社出版的《加拿大刑事法典》。第二阶段为 2000 年之后。在这一阶段，随着改革开放的深入与法治进程的推进，刑法（典）翻译真正实现了百花齐放。截至 2020 年出版的近 70 部刑法（典）译作中，几乎囊括了各大法系、各大陆主要国家的刑法。

近 10 余年来，许多国家因应新的社会治理要求，频繁修改刑事立法。例如，德国从 1998 年起对其刑法进行了 100 余次修订，仅在 2021 年就修订了 8 次，对有关互联网犯罪、强迫卖淫罪以及儿童性犯罪的条款进行了大幅修订。自 2011 年以来，日本也 10 余次修订刑法，增设了部分缓刑制度，大幅修订性犯罪立法，并对照民法等前置法的修订，调整了相关刑法条文。我国进入 21 世纪以来，为适应经济社会发展变化和预防惩治犯罪的新情况和新需要，不断修改完善刑事法律。尤其是 2013 年 9 月和 10 月，习近平总书记分别提出了建设“丝绸之路经济带”和“21 世纪海上丝绸之路”的合作倡议。截至 2023 年 1 月 6 日，中国已经与 151 个国家和 32 个国际组织，签署了 200 余份共建“一带一路”合作文件。[①] 中国企业“走出去”面临诸多法律风险，尤其是在企业刑事合规成为全球浪潮以来，如何应对有些国家借“长臂管辖”和企业刑事合规之名，对我国企业进行打压，规避可能发生的刑事法律风险，已经成为中国企业走出国门、保护自身合法权益必须重视的问题。

有鉴于此，北京师范大学刑事法律科学研究院充分发挥本院的专业化和国际化优势，法律出版社充分发挥多语种出版优势，共同设立“外国刑法典译丛”项目，全面系统翻译各主要国家的刑法（典）。首批遴选德国、日本、英国、美国等两大法系代表性国家，新加坡、哈萨克斯坦、俄罗斯等“一带一路”国家以及希腊、墨西哥、芬兰等经济合作与发展组织（OECD）国家的 40 余部最新刑法

---

① 参见中国一带一路网，https://www.yidaiyilu.gov.cn/xwzx/roll/77298.htm，2023 年 2 月 10 日访问。

(典),组织精通英语、法语、德语、日语、俄语等语种的专业人士分批翻译出版。本译丛编审委员会由国内著名刑法学专家组成,特邀请人民教育家、国际刑法学协会名誉副主席暨中国分会名誉主席、中国刑法学研究会名誉会长、中国人民大学荣誉一级教授高铭暄先生担任译丛学术总顾问,最高人民法院大法官、中国法学会案例法学研究会会长胡云腾教授担任总主编,北京师范大学刑事法律科学研究院副院长兼安徽师范大学法学院院长周振杰教授与法律出版社副总编辑张雪纯先生担任编辑委员会主任。希望"外国刑法典译丛"能成为广大读者学习、研究、借鉴域外刑事法律的重要帮手,进而成为推动中国涉外刑事法治建设的外法资源。当然,由于经验不足,水平有限,书中定有不足不妥之处,尚请各位同人批评指正。

编辑委员会

2023 年 3 月 2 日

前　　言

《瑞典刑法典》(1962 年第 700 号法)于 1962 年制定,1965 年 1 月 1 日生效,包含有关在瑞典构成刑事犯罪的诸多行为的规定。有关其他犯罪之规定可见于具体法律法规。本法典也包含适用于所有犯罪与刑事制裁以及瑞典立法适用范围的总则规定。

《瑞典刑法典》上一版英文译本出版于 1999 年。2019 年 12 月,埃米 · 奥利弗(Amy Oliver)与上诉法院法官玛丽 – 安 · 萝丝(Mari-Ann Roos)和司法部资深顾问麦卡拉 · 贝克斯(Mikaela Bexar)合作完成了本英文译本。

自 2020 年伊始,刑法典修正案在生效之前、被修正的其他瑞典立法在颁布之后,都将尽快被翻译并(电子)出版。在被修正的各条之后,将标注作出修正的法案,作为参考。

政府部门出版刑法典英文译本,旨在为相关各方提供服务,对译本及使用译本所产生的后果不承担任何责任。瑞典立法的译本亦不具有法律效力。

目　　录

第一编　总　　则

第二编　犯　　罪

第三编　刑　　罚

过渡条款

第一编

总　则

第一章　犯罪与刑事制裁

第一条　犯罪是指规定于本法典或其他法律法规之中,被科处下文规定处罚的行为。(1994 年第 458 号法)

第二条　除非另有规定,仅故意实施的行为可被视为犯罪。

在实施行为之际,行为人处于自我导致的醉态之中,或者因自身过错,以某种其他方式失去对自我意识的控制,该行为并不因此不被视为犯罪。(1994 年第 458 号法)

第三条　本法典中的"刑事制裁",是指罚金刑、监禁刑以及附条件量刑、缓刑与特殊护理令。(1988 年第 942 号法)

第四条　适用刑罚应根据有关具体犯罪条款中的规定与其他特殊规定。即使有关具体犯罪的规定并未涉及,其他制裁措施亦可根据与其有关的规定适用。(1988 年第 942 号法)

第五条　监禁刑的严厉性高于罚金刑。

第三十章第一条设有有关附条件量刑与缓刑之规定。(1988 年第 942 号法)

第六条　对未满十五周岁者实施的罪行,不得施以制裁。(1988 年第 942 号法)

第七条　废除。(1988 年第 942 号法)

第八条　根据相应规定,罪行在制裁之外可产生没收财产、公司罚金或者其他特殊法律后果以及支付损害赔偿之义务。(1986 年第 118 号法)

第二章　瑞典立法的适用范围

第一条　在本国实施的犯罪,根据瑞典立法在瑞典法院审判。犯罪行为实施地虽然不确定,但是有理由认为是实施于本国的,亦适用本法。(1972年第812号立法)

第二条　如果存在下述情形之一,在海外实施的犯罪行为亦根据瑞典立法在瑞典法院审判:

(一)行为人为瑞典公民,或者长期居留于瑞典的外国公民。

(二)行为人虽然不长期在瑞典居留,但是在犯罪后成为瑞典公民或者长期在本国居留,或者是在瑞典的丹麦、芬兰、冰岛或者挪威公民。

(三)行为人是在本国的其他外国公民,其犯罪行为根据瑞典立法可判处六个月以上监禁刑;或者

(四)犯罪行为实施于开展瑞典公司业务活动的过程中,构成第十章第五条d第二项规定的行贿罪、加重行贿罪与影响力交易罪。

如果行为根据实施地法不在追责范围,或者在不属于任何国家的区域实施,而且根据瑞典立法最高处罚为罚金,不适用第一款之规定。

对本条规定的情形,不得适用高于犯罪实施地法中最严厉处罚的制裁。

第二款与第三款有关瑞典管辖权的限制性规定,不适用于下述各条规定的犯罪:

(一)第四章第一条a与第四条c,第十六章第十条a第一款第一项、第六款,以及实施上述犯罪的未遂;

(二)第四章第四条a第二款,行为人通过引诱他人进入婚姻关系或者第

四条 c 规定的类似婚姻的关系实施该款规定之罪或者未遂；以及

（三）第六章第一条至第六条、第八条、第九条和第十二条以及针对未满十八周岁者实施第六章第一条、第二条、第四条至第六条、第八条、第九条和第十二条规定犯罪的未遂。（2020 年第 173 号法）

第三条　在第二条列举的犯罪之外，在海外实施的犯罪行为亦根据瑞典立法在瑞典法院审判，如果：

（一）犯罪实施于瑞典的船舶或者飞行器之上，或者由船舶或者飞行器的长官或者组员在履行职务过程中实施；

（二）犯罪由瑞典武装部队成员在瑞典武装部队派遣队伍出现的区域实施，或者由其他人员在此区域实施，而派遣队伍出于演习之外的目的出现于该区域；

（三）犯罪由瑞典武装部队雇佣派遣在海外参加国际军事行动的人员实施，或者由瑞典警察维和行动支援部门的人员实施；

（三 a）犯罪由警察、海关官员或者瑞典海岸警卫队队员在根据瑞典加入的国际条约执行职务过程中实施；

（四）犯罪针对瑞典、瑞典城市或者其他地方团体，或者瑞典公共机构实施；

（五）犯罪实施地不属于任何国家，但是针对瑞典公民、瑞典社团或者私人设施或者针对长期在瑞典居留的外国公民实施；

（六）行为属于劫持罪、破坏船舶或者航空器罪、破坏机场罪以及此类犯罪的未遂，非法交易化学武器罪、非法交易地雷罪或者在国际法院提供不真实或者不谨慎陈述罪，《恐怖主义犯罪刑事责任法》（2003 年第 148 号法）第二条规定的恐怖主义犯罪与此类犯罪的未遂、预备与共谋以及该法第五条规定的犯罪，《灭绝种族罪、危害人类罪与战争罪刑事责任法》（2014 年第 406 号法）规定的犯罪，直接而且公开煽动实施种族灭绝的教唆犯罪，或者针对国际刑事法院的司法运行；或者

（七）根据瑞典立法最低法定刑为四年以上监禁的犯罪。（2018 年第 1310 号法）

第三条a 第一条至第三条所列之外犯罪，根据《国际刑事司法协助法》（1976年第19号法）也在瑞典法院根据瑞典立法审判。（1976年第20号法）

第四条 犯罪行为地与犯罪既遂地是犯罪实施地。在犯罪未遂的场合，意图犯罪可能的既遂地是犯罪实施地。

第五条 非经政府或者政府指定的公共机构授权，不得对在位于本国的外国船舶或者飞行器上的外国人，即船舶或者飞行器的长官或者组员以及因其他原因搭乘的外国人，针对此类外国人或者外国利益实施的犯罪提起公诉。

只有获得第一款规定的授权，方可对在海外实施的犯罪提起公诉。但是，针对在国际法院提供不真实或者不谨慎陈述的犯罪，或者属于如下情形的，无须获得上述授权，即可提起公诉：

（一）在瑞典船舶或者飞行器上实施的犯罪，或者其长官或者组员在履行职务过程中实施的犯罪；

（二）瑞典武装部队成员在瑞典武装部队派遣队伍出现的区域实施的犯罪；

（三）瑞典武装部队雇佣派遣在海外参加国际军事行动的人员或者瑞典警察维和行动支援部门人员实施的犯罪；

（四）警察、海关官员或者瑞典海岸警卫队队员在根据瑞典加入的国际条约执行职务过程中实施的犯罪；

（五）在丹麦、芬兰、冰岛或者挪威，或者在瑞典或者上述国家不同地点开展常规业务的船舶或者飞行器上实施的犯罪；或者

（六）瑞典公民、丹麦公民、芬兰公民、冰岛公民或者挪威公民针对瑞典利益实施的犯罪。（2017年第497号法）

第五条a 如果犯罪实施地国家或者本条第四款所列国际条约缔约国生效判决已经确定了行为的责任问题，就同一行为，如果具有下述情形之一，本国可不对被告人进行追诉：

（一）已经被宣告无罪；

（二）已经被宣告有罪，但是未施以制裁；

（三）宣告的制裁已经执行完毕或者正在执行过程中；

(四)宣告的制裁根据该国立法已超过时效。

第一款规定不适用于第一条与第三条第四项、第六项与第七项所列犯罪,除非在该外国的追诉是应瑞典公共机构之请求进行,或者该人是为追诉而从瑞典被移交或者引渡。

如果外国宣告的判决已经确定了行为的责任问题,即使指控本条规定的罪名并无障碍,非经政府或者政府赋权者之授权,不得在本国追诉该行为。

第一款所指国际条约包括:

(一)1970年5月28日《刑事判决国际效力欧洲公约》;

(二)1972年5月15日《刑事司法程序移交欧洲公约》;

(三)1995年7月26日《保护欧共体金融利益公约》,但是行为应为该公约所涵盖;

(四)1996年9月27日《保护欧共体金融利益公约议定书》,但是行为应为该公约所涵盖;

(五)1997年5月26日《打击欧共体与欧盟成员国官员腐败公约》,但是行为应为该公约所涵盖;

(六)1990年6月19日《1985年6月14日申根协定实施公约》;

(七)1987年5月25日《欧共体成员国避免双重危险公约》;

(八)1997年6月19日《保护欧共体金融利益公约第二议定书》,但是行为应为该公约所涵盖。

如果犯罪行为部分实施于本国,部分实施于宣告判决的成员国领域,而且符合第四款第三项至第五项或者第八项,或者宣告判决的国家是第四款第六项或者第七项所列条约的缔约国,则第一款适用。(2003年第1157号法)

第六条 如果行为人因在海外已经被制裁的行为被认定有罪,在量刑之际应合理考虑其在海外已承受的制裁。如果应对行为人处以罚金或者监禁,而其已经在海外被处以拘禁性制裁,应充分考虑其在海外已承受的制裁。

就第一款规定的案件,可处以比法定刑较轻之处罚或者完全免除制裁。(1972年第812号法)

第七条 在尊重瑞典立法可适性与瑞典法院管辖权的前提下,在遵守本章规定的同时,遵守国际公约中公认的基本原则以及与外国权力机构缔结的条约中具体规定的限制。

第七条 a 如果外国人是在履行职务或者指令的过程中实施犯罪,包括在其他国家以及国际组织中担任职位,非经政府授权不得对该罪提起公诉。但是,如果行为人通过误导性信息、伪装或者其他方法试图隐藏上述职务,本条规定不适用。(1985 年第 518 号法)

第七条 b 如果外国人虽然不长期在瑞典居留,但是长期在国际军事合作或者国际危机管理体制内的国家居留,受瑞典缔结的有效公约的管辖,就其在停留本地期间实施的犯罪,非经政府授权,不得控诉。

第一款的规定,适用于在外国军队服役的瑞典公民与在瑞典居留的外国人。(2004 年第 1000 号法)

第七条 c 针对国际刑事法院司法运营的犯罪,非经政府或者政府指定者的授权,不得提起控诉。(2009 年第 1281 号法)

第八条 就犯罪的移交与引渡,另有特殊规定。本章规定的条件适用于从其他国家向瑞典的移交与引渡。(2003 年第 1157 号法)

第二编

犯 罪

第三章　危害生命与健康的犯罪

第一条　剥夺他人生命者，承担谋杀罪的责任，处十年以上十八年以下监禁或者终身监禁。在处以终身监禁之际，应具体考虑犯罪行为是否经仔细计划、是否特别狡诈、是否意在推动或者掩盖其他罪行、是否给被害人造成严重痛苦或者特别残忍。(2019 年第 805 号法)

第二条　如果从招致犯罪行为的情节或者其他方面来看，第一条规定的罪行相对较轻，行为人承担误杀罪责任，处六年以上十年以下监禁。

第三条　女性在生育之际或者在因生育处于精神不稳定或者严重压抑状态时杀死儿童的，承担杀婴罪责任，处六年以下监禁。

第四条　废除。(1974 年第 596 号法)

第五条　行为人给他人造成身体伤害、疾病或者痛苦或者致使他人陷入无助或者其他类似状态的，承担伤害罪的责任，处二年以下监禁。犯罪情节较轻的，处罚金或者六个月以下监禁。(1998 年第 393 号法)

第六条　如果第五条规定之罪情节严重，行为人承担加重伤害罪的责任，处一年六个月以上六年以下监禁。在认定犯罪是否严重之际，应具体考虑行为是否造成生命威胁、行为人是否造成严重身体伤害或者严重疾病，或者表现出特别的残忍与野蛮。

如果犯罪情节特别严重，行为人承担特别加重伤害罪责任，处五年以上十年以下监禁。在认定犯罪是否特别严重之际，应具体考虑身体伤害是否永久、行为是否导致特别的痛苦、行为人是否体现出特别的残忍。(2017 年第 332 号法)

第七条 过失致使他人死亡者，承担致人死亡罪的责任，处二年以下监禁，如果情节较轻，处以罚金。

如果犯罪情节严重，处一年以上六年以下监禁。在认定情节是否严重之际，具体应考虑：

（一）行为是否涉及严重的故意冒险；或者

（二）在要求特别注意或者经验的场合，行为人是否受酒精或者其他物质的影响，或者应承担更重的过失的罪责。（2010 年第 370 号法）

第八条 因过失给他人造成身体伤害或者较重疾病者，承担致使身体伤害或者疾病罪的责任，处罚金或者六个月以下监禁。

如果情节严重，处四年以下监禁。在认定犯罪情节是否严重之际，具体应考虑：

（一）行为是否涉及严重的故意冒险；或者

（二）在要求特别注意或者经验的场合，行为人是否受酒精或者其他物质的影响，或者应承担更重的过失的罪责。（2001 年第 348 号法）

第九条 行为人因严重过失给他人带来生命危险或者严重身体伤害或者严重疾病危险的，承担给他人带来危险罪的责任，处罚金或者二年以下监禁。

第十条 如果在实施第七条至第九条规定之罪时，故意或者过失违反《工作环境法》（1977 年第 1160 号法）中关于预防健康损害或者事故的义务，行为人承担工作环境犯罪的责任，根据本法上述各条规定处罚。（1991 年第 679 号法）

第十一条 第二十三章规定了谋杀罪、误杀罪、杀婴罪以及情节较重的伤害罪的未遂责任与预备责任，谋杀罪、误杀罪、加重伤害罪与特别加重伤害罪的共谋责任以及未能发现或者预防此类犯罪的责任。（2017 年第 332 号法）

第十二条 如果犯罪情节不严重，针对致使身体伤害或者疾病罪的控诉，在被害人报案要求控诉或者控诉为公共利益所必要之际，才能由检察官提起。

但是，如果犯罪是针对未满十八周岁未成年人实施，无须被害人报案。（2003 年第 408 号法）

第四章　危害自由与安宁的犯罪

第一条　行为人以造成身体伤害、损害健康、强制服务或者进行敲诈之目的，控制、诱拐或者拘禁儿童或者他人的，承担绑架罪的责任，处四年以上十八年以下监禁或者终身监禁。

如果犯罪情节较轻，处六年以下监禁。(2009 年第 396 号法)

第一条 a　在第一条规定的情形之外，行为人以如下方法招募、运输、移交、容留或者接收他人，以使之遭受性剥削、器官摘取、强制入伍、强制劳动或者其他导致压抑的活动的，承担贩卖人口罪的责任，处二年以上十年以下监禁：

(一)非法强制；

(二)欺诈；

(三)利用他人处于严重限制其选择的脆弱境地；

(四)其他严重限制他人选择的类似方法。

针对未满十八周岁者实施第一款规定的行为，即使未使用该款规定的方法，也承担贩卖人口罪责任。这同样适用于实施上述行为者虽然缺乏故意，但是就他人是否已满十八周岁存在过失的情形。

如果实施第一款或者第二款规定的犯罪情节较轻，处六个月以上四年以下监禁。(2018 年第 601 号法)

第一条 b　在第一条与第一条 a 规定的情形之外，行为人以非法强制、欺骗或者利用他人处于依赖、无助或者困难境地的方法，通过强制他人劳动、在明显不合理条件下的劳动或者乞讨剥削他人的，承担剥削人类罪的责任，处四年以下监禁。

针对未满十八周岁者实施第一款规定的行为，即使不存在非法强制、欺诈以及利用他人处于依赖、无助或者困难境地的情形，也应承担责任。这同样适用于实施上述行为者虽然缺乏故意，但是就他人是否已满十八周岁存在过失的情形。

如果实施第一款或者第二款的犯罪情节较重，行为人承担加重剥削人类罪的责任，处二年以上十年以下监禁。在认定犯罪情节是否较重之际，具体应考虑行为是否涉及大规模活动、是否获得相当大的收益以及是否对他人造成特别野蛮的剥削。（2018 年第 601 号法）

第二条 在第一条与第一条 a 规定的情形之外，行为人诱拐、拘禁他人或者以其他方法剥夺其自由的，承担非法剥夺自由罪的责任，处一年以上十年以下监禁。

如果犯罪情节较轻，处以罚金或者二年以下监禁。（2002 年第 436 号法）

第三条 废除。（2004 年第 406 号法）

第四条 行为人以通过伤害或者其他暴力方法，或者以实施犯罪行为相威胁，强制他人为、忍受为或者不为的，承担非法强制罪的责任，处罚金或者二年以下监禁。以控诉他人、举报他人罪行或者公开他人不利信息相威胁达到上述强制效果，如果强制不正当，亦承担非法强制罪的责任。

如果犯罪情节严重，行为人承担加重非法强制罪的责任，处九个月以上六年以下监禁。在认定犯罪情节是否严重之际，应具体考虑行为是否：

（一）包括严重暴力；

（二）是否包括以武器、爆炸物、仿制武器强化的威胁，或者以造成施加暴力的假象相威胁，或者其他严重情形；

（三）性质特别残忍或者危险。（2017 年第 332 号法）

第四条 a 行为人针对将要或者已经与之处于亲密关系者，实施第三章、第四章、第六章、第十二章或者《人身禁止令》（1988 年第 688 号法）第二十四条规定的犯罪行为，如果每一行为都构成对被害人人格的重复侵害之一部分，且行为严重侵害了被害人的自尊，行为人承担严重侵害人格罪的责任，处九个月以上六年以下监禁。

如果男性对将要或者已经与之结婚者，或者对将要或者已经与之在与婚姻相似的情况下同居者实施第一款规定之行为，其承担严重侵害女性人格罪，处以相同处罚。（2013 年第 367 号法）

第四条 b　行为人以构成如下各条规定之罪的行为骚扰他人的，如果每一行为都构成对被害人人格重复侵害之一部分，承担非法骚扰罪的责任，处四年以下监禁：

（一）第三章第五条规定的伤害罪，以及情节较重的此类犯罪的未遂；

（二）第四章第四条第一款规定的非法强制罪；

（三）第四章第五条第一款规定的非法威胁罪；

（四）第四章第六条规定的侵犯家庭隐私或者非法入侵罪；

（五）第四章第六条 a 规定的侵入摄影罪；

（六）第四章第六条 b 规定的非法使用身份罪；

（七）第四章第六条 c 规定的非法侵犯隐私罪；

（八）第四章第七条规定的骚扰罪；

（九）第四章第七条 a 规定的教唆自杀或者过失教唆自杀罪；

（十）第六章第十条规定的性骚扰罪；

（十一）第十二章第一条规定的毁坏财物罪，或者此类犯罪的未遂；

（十二）第十二章第二条规定的较轻损害罪；或者

（十三）违反电子监控人身禁止令，或者违反《人身禁止令》（1988 年第 688 号法）第二十四条规定的人身禁止令。（2021 年第 225 号法）

第四条 c　在第一条 a 规定的情形之外，行为人以非法强制或者利用他人处于脆弱境地的方法，引诱他人进入婚姻关系，且婚姻关系根据结婚地国家的立法、通过婚姻法的国家的立法或者配偶一方的国籍国或者长期居留国的立法有效的，承担强制婚姻罪的责任，处四年以下监禁。

上述规定也适用于行为人以第一款规定的方法，引诱他人进入与婚姻相似的关系，如果进入该关系符合某一群体的规则，且：

（一）意味着双方被视为配偶，被认为对彼此享有权利、承担义务，并

（二）包括解除关系的问题。

行为人针对未满十八周岁者实施第一款或者第二款行为的,承担童婚罪的责任,处四年以下监禁。此外,引诱或者许可未满十八周岁者进入婚姻关系,且婚姻关系根据第一款规定的方式有效,或者进入与婚姻相似的关系,且该关系根据第二款规定的方式有效的,行为人亦承担童婚罪。这同样适用于实施上述行为者虽然缺乏故意,但是就他人是否已满十八周岁存在过失的情形。(2020年第349号法)

第四条 d 在第一条 a 规定的情形之外,行为人以欺诈的方式引诱他人去往其居住国之外的国家,以使之身受第四条 c 规定的行为的,承担欺骗他人缔结海外婚姻罪的责任,处二年以下监禁。(2020年第349号法)

第五条 行为人以实施犯罪行为威胁他人,足以引起被威胁者对自身或者其他人的人身、财产、自由或者安宁的安全感到严重恐惧的,承担非法威胁罪的责任,处罚金或者一年以下监禁。

如果犯罪情节严重,行为人承担严重非法威胁罪的责任,处九个月以上四年以下监禁。在认定犯罪情节是否严重之际,具体应考虑:

(一)行为人是否以武器、爆炸物、仿制武器或者造成施加暴力的假象强化威胁,或者属于其他严重情形;

(二)行为的性质是否特别残忍或者危险。(2018年第1745号法)

第六条 行为人非法侵入或者滞留于他人家庭所在地的,无论是房间、房屋、庭院还是船舶,承担侵犯家庭隐私罪的责任,处以罚金。

行为人未经授权进入或者滞留于办公室、工厂、其他建筑、船舶、储藏区域或者任何相似场所的,承担非法入侵罪的责任,处以罚金。

如果实施第一款或者第二款规定的犯罪情节严重,处二年以下监禁。

第六条 a 行为人以使用技术设备的方式,非法偷拍他人在家中、洗手间、更衣室或者类似场所的室内影像的,承担侵入摄影罪的责任,处罚金或者二年以下监禁。

如果从其目的与其他情节来看,行为具有正当性,对行为人不予追责。

第一款之规定不适用于为公共机构的活动,使用技术设备拍摄他人影像者。(2013年第366号法)

第六条 b　行为人非法使用他人身份数据伪装他人，造成他人损失或者不便的，承担非法使用身份罪的责任，处罚金或者二年以下监禁。（2016 年第 485 号法）

第六条 c　行为人以散发下列影像或者其他信息的方式侵害他人私生活，如果散发行为足以对相关影像或者信息所涉他人造成严重损害的，承担非法侵犯隐私罪的责任，处罚金或者二年以下监禁：

（一）他人性生活的影像或者其他信息；

（二）他人健康状况的影像或者其他信息；

（三）他人正在遭受危害其人身、自由或者安宁的犯罪侵犯的影像或者其他信息；

（四）他人处于非常脆弱状态的影像；或者

（五）他人全部或者部分赤裸的影像。

如果从其目的与其他情节来看，行为具有正当性，对行为人不予追责。（2017 年第 1136 号法）

第六条 d　如果实施第六条 c 规定之罪情节严重，行为人承担加重非法侵犯隐私罪的责任，处六个月以上四年以下监禁。

在认定犯罪情节是否严重之际，具体应考虑从影像或者信息的内容、使用方法或者散播的范围来看，行为是否足以给影像或者信息所涉个人造成严重损害。（2017 年第 1136 号法）

第七条　行为人对他人进行肢体骚扰或者使他人遭受不安接触或者其他残忍行为的，如果行为足以明显侵害他人安宁，承担骚扰罪的责任，处罚金或者一年以下监禁。（2017 年第 1136 号法）

第七条 a　行为人通过鼓励或者以其他方式施加心理影响教唆他人自杀，如果其行为足以造成实施此类行动的危险，而且并非无关紧要，承担教唆自杀罪的责任，处以二年以下监禁。

行为人实施第一款规定的行为，虽然并无故意，但是就其行为是否足以造成并非无关紧要的自杀危险存在过失的，承担过失教唆自杀罪的责任，处罚金或者六个月以下监禁。

如果从案中情节来看,实施第一款或者第二款犯罪情节较轻,对行为人不予追责。(2021 年第 225 号法)

第八条 行为人非法侵入邮政或者电信公司通过邮递或者电信网进行的通信的,承担侵害邮政或者电信通信罪的责任,处罚金或者二年以下监禁。(2012 年第 280 号法)

第九条 在第八条规定的情形之外,行为人非法开拆信件、电报或者侵入封印、加锁或者以其他方式密封的物品的,承担侵入安全存放罪的责任,处罚金或者二年以下监禁。

第九条 a 在第八条规定的情形之外,行为人使用声音复制技术设备,窃听或者录制独白、他人对话,或者不对公众公开且其本人未参加,或者未经授权而侵入的会议或者其他集会的讨论的,承担非法窃听罪的责任,处罚金或者二年以下监禁。(1975 年第 239 号法)

第九条 b 行为人为侵害第八条规定的通信秘密或者实施第六条 a 或者第九条 a 规定的犯罪而安装技术设备的,承担此类犯罪的预备责任,如果行为人尚未完成犯罪,处罚金或者二年以下监禁。(2013 年第 366 号法)

第九条 c 行为人非法侵入被设置为自动处理的信息,或者非法修改、删除、阻碍或者在记录中插入此类信息的,承担侵害数据安全罪的责任,处二年以下监禁。此规定同样适用于行为人使用相似非法手段,严重侵扰或者损害此类信息使用的情形。

如果犯罪情节严重,行为人承担加重侵害数据安全罪的责任,处六个月以上六年以下监禁。在认定犯罪情节是否严重之际,具体应考虑行为是否造成了严重损害、涉及大量信息或者性质上特别危险。(2014 年第 302 号法)

第十条 第二十三章规定了绑架罪、贩卖人口罪、加重剥削人类罪或者非法剥夺自由罪的未遂、预备与共谋责任以及未能发现或者预防此类犯罪的责任。此规定也适用于实施剥削人类罪、加重非法强制罪、强制婚姻罪、童婚罪以及加重非法威胁罪的未遂、预备与共谋,以及如果既遂情节不会较轻的侵害数据安全罪与加重侵害数据安全罪的未遂与预备。(2020 年第 349 号法)

第十一条 侵犯家庭隐私罪、情节不严重的非法入侵罪、侵入摄影罪及其犯罪预备、非法使用身份罪、非法侵犯隐私罪、在非公共场所实施的骚扰罪、侵入安全存放罪、在非公共场所实施的非法窃听罪及其犯罪预备的控诉，在被害人报案要求控诉或者为公共利益所必要之际，才能由检察官提起。此规定也适用于以控诉他人、举报他人罪行或者公开他人不利信息相威胁实施的非法强制罪及其未遂与预备。（2017 年第 1136 号法）

第五章 诽 谤 罪

第一条 行为人指认他人是罪犯、生活方式不道德或者提供足以使他人遭受其他人蔑视的信息的，承担诽谤罪的责任，处以罚金。

如果行为人有作出陈述的义务，或者从行为情节出发，提供相关信息具有正当性，或者表明该信息是真实的或者具有合理理由，对行为人不予追责。

第二条 如果实施第一条规定的犯罪情节严重，行为人承担加重诽谤罪的责任，处罚金或者二年以下监禁。

在认定犯罪情节是否严重之际，具体应从信息的内容、散播的方法与范围或者其他理由来看，其是否足以导致严重损害。（2017 年第 1136 号法）

第三条 在第一条与第二条规定的情形之外，行为人针对他人作出控诉、贬低性言论或者侮辱性行为的，如果其行为足以侵害他人的自尊或者尊严，承担侮辱行为罪的责任，处以罚金。

如果犯罪情节严重，处以罚金或者六个月以下监禁。

第四条 行为人诽谤死者，如果其行为对死者后人构成冒犯，或者如果考虑到死者逝去的时间以及其他情节，该行为可以被视为对死者有权享有的安宁的侵扰，承担第一条或者第二条规定的责任。

第五条 对第一条至第三条规定犯罪的控诉，非被害人不得提起。在犯罪行为针对未满十八周岁者，或者被害人在另一案件中报案要求控诉的场合，如果为公共利益所必要，而且控诉与下述罪行有关之际，可由检察官提起：

（一）诽谤罪与加重诽谤罪；

（二）侮辱行为是针对正在行使公共职权者或者因某人行使公共职权；

（三）侮辱行为影射种族、肤色、民族或者国家来源、宗教信仰、性取向或者变性身份或者言论。

如果诽谤行为针对死者，死者的配偶、直系后人、父母或者兄弟姐妹可以提起控诉；如果基于特殊理由，被认为是保护公共利益所必需，检察官可提起控诉。

尽管有第一款之规定，如果在实施第一条至第三条规定犯罪之际，行为人以辱骂其位于瑞典的首脑或者驻瑞典代表的方式侮辱外国政权，检察官可以提起对该罪的控诉。但是，未经政府或者政府赋权者的授权不得提起控诉。（2018 年第 540 号法）

第六章　性　犯　罪

第一条　行为人与非自愿参加者性交,或者对之实施侵害严重性与性交相当的性行为的,承担强奸罪的责任,处二年以上六年以下监禁。在认定是否自愿参加之际,应具体考虑是否以语言、行为或者其他方式表达出了自愿。具有下述情形之一,参加者不得被视为自愿:

(一)其参加是伤害、其他暴力或者受犯罪行为威胁的结果,或者受到控诉他人、举报他人罪行或者公开他人不利信息的威胁;

(二)犯罪人不当利用了其因为昏迷、睡眠、严重恐惧、受酒精或者毒品影响、疾病、身体伤害、心理不安或者其他情节而处于特别脆弱状态的现实;或者

(三)犯罪人严重滥用其对犯罪人的依赖地位,引诱其参加。

如果从行为相关情节来看犯罪较轻,行为人承担强奸罪的责任,处四年以下监禁。

如果实施第一款规定的犯罪情节严重,行为人承担严重强奸罪的责任,处五年以上十年以下监禁。在认定犯罪情节是否严重之际,具体应考虑犯罪人是否使用了暴力或者性质极其严重的威胁,是否有一人以上侵犯被害人或者以其他方式参与侵犯,或者从所使用的方法、被害人的低龄或者其他方面来看,犯罪人展现出了极大的残忍与野蛮。(2018 年第 618 号法)

第一条 a　行为人实施第一条规定之罪,就他人是否自愿参加的情节存在严重过失的,承担过失强奸罪的责任,处四年以下监禁。

如果从相关情节来看,行为危害性较轻,对行为人不予追责。(2018 年第 618 号法)

第二条　行为人对非自愿参加者实施第一条规定之外的性行为的，承担性侵罪的责任，处二年以下监禁。在认定是否自愿参加之际，适用第一条第一款第二项与第三项的规定。

如果犯罪情节严重，行为人承担加重性侵罪的责任，处六个月以上六年以下的监禁。在认定犯罪情节是否严重之际，具体应考虑犯罪人是否使用了暴力或者性质极其严重的威胁，是否有一人以上侵犯被害人或者以其他方式参与侵犯，或者从所使用的方法、被害人的低龄或者其他方面来看，犯罪人展现出了极大的残忍与野蛮。(2018 年第 618 号法)

第三条　行为人实施第二条规定之罪，就他人是否自愿参加的情节存在严重过失的，承担过失性侵罪的责任，处四年以下监禁。

如果从相关情节来看，行为危害性较轻，对行为人不予追责。(2018 年第 618 号法)

第四条　行为人与未满十五周岁的儿童性交，或者对之实施侵害严重性与性交相当的性行为的，承担强奸儿童罪的责任，处二年以上六年以下的监禁。

上述规定适用于对已满十五周岁未满十八周岁，且系其后代、正在由其抚养或者与其有类似关系或者公共机构决定由其护理或者监管者实施第一款规定之行为的犯罪人。

如果实施第一款或者第二款规定的犯罪情节严重，行为人承担严重强奸儿童罪的责任，处五年以上十年以下监禁。在认定犯罪情节是否严重之际，具体应考虑犯罪人是否使用了暴力或者以实施犯罪行为相威胁，是否有一人以上侵犯该儿童或者以其他方式参与了侵犯，或者从所使用的方法、儿童的低龄或者其他方面来看，犯罪人展现出了极大的残忍与野蛮。(2018 年第 618 号法)

第五条　如果从行为情节来看，行为人实施第四条第一款或者第二款规定的犯罪情节较轻，承担性剥削儿童罪的责任，处四年以下监禁。(2018 年第 618 号法)

第六条　行为人对不满十五周岁的儿童，或者对十五周岁以上未满十八周岁与之存在第四条第二款规定的关系的儿童实施第四条与第五条规定之外的性行为的，承担性侵儿童罪的责任，处二年以下监禁。

如果犯罪情节严重，行为人承担严重性侵儿童罪的责任，处一年以上六年以下监禁。在认定犯罪情节是否严重之际，具体应考虑犯罪人是否为儿童的家庭成员、是否利用其地位、是否滥用特别信任，或者是否有一人以上侵害该儿童或者以其他方式参与侵害，或者从所使用的方法、儿童的低龄或者其他方面来看，犯罪人展现出了极大的残忍与野蛮。（2018 年第 618 号法）

第七条 在本章上述各条规定的情形之外，行为人与其本人亲生子女或者后代性交的，承担与后代性交罪的责任，处二年以下监禁。

在本章上述各条规定的情形之外，行为人与其全同胞*性交的，承担与全同胞性交罪的责任，处一年以下监禁。

本条规定不适用于因被非法强制或者被以其他不当方法引诱实施上述行为者。（2005 年第 90 号法）

第八条 行为人促使或者利用不满十五周岁者进行性表演或者参加性拍摄的，承担剥削儿童进行性拍摄罪的责任，处罚金或者二年以下监禁。

此规定适用于对已满十五周岁未满十八周岁者实施上述行为者，如果拍摄行为足以伤害儿童的健康或者成长。

如果犯罪情节严重，行为人承担加重剥削儿童进行性拍摄罪的责任，处六个月以上六年以下监禁。在认定犯罪情节是否严重之际，具体应考虑犯罪行为是否涉及大规模活动、带来相当大的收益或者涉及对儿童的残忍剥削。（2005 年第 90 号法）

第九条 在本章上述各条规定的情形之外，行为人引诱不满十八周岁者从事或者屈从于性行为以换取报酬的，承担以购买性行为剥削儿童罪的责任，处以四年以下监禁。

第一款的规定亦适用于他人支付或者许诺支付报酬的情形。（2019 年第 806 号法）

第十条 在本章上述各条规定的情形之外，行为人与不满十五周岁者进行性接触或者引诱其从事或者参加具有性暗示的行为的，承担性骚扰罪的责任，

---

* 全同胞，full sibling，指同父同母的兄弟姐妹。——译者注

处以罚金或者二年以下监禁。

此规定亦适用于以足以引起不安的方式向他人暴露自己，或者以足以侵害他人之性完整的语言或者行为骚扰他人者。(2005 年第 90 号法)

第十条 a　行为人以对不满十五周岁儿童实施第四条、第五条、第六条、第八条或者第十条处罚之行为之目的，提议或者同意与儿童见面的，承担怀有性目的与儿童联络罪，处以罚金或者二年以下监禁。(2017 年第 1068 号法)

第十一条　在本章上述各条规定的情形之外，行为人支付报酬获取随意两性关系的，承担购买性服务罪的责任，处以罚金或者一年以下监禁。

第一款的规定亦适用于他人支付或者许诺支付报酬的情形。(2011 年第 517 号法)

第十二条　行为人促使或者以不当方式在金钱上剥削参加随意两性关系的人获取报酬的，承担诱使罪的责任，处四年以下监禁。

在授权他人使用自己公寓者，获知公寓被完全或者在相当大程度上被用于随意两性关系获取报酬，未能如合理期待终止授权的场合，如果上述行为继续或者重现于该公寓的，行为人被视为促使了上述行为，根据第一款之规定承担责任。

如果实施第一款或者第二款规定的犯罪情节严重，行为人承担加重诱使罪的责任，处二年以上十年以下监禁。在认定犯罪情节是否严重之际，应具体考虑犯罪是否涉及大规模活动、带来相当大的收益或者涉及对他人的残忍剥削。(2018 年第 601 号法)

第十三条　本章有关针对低于特定年龄者实施相关行为的责任之规定，亦适用于虽然没有故意，但是就关于他人尚未达到特定年龄的事实存在过失者。(2018 年第 618 号法)

第十四条　行为人实施第五条或者第六条第一款规定的针对不满十五周岁儿童的行为，或者实施第八条第一款或者第十条第一款规定的行为，如果从行为人与儿童之间年龄与成长的较轻差距以及其他情节来看，明显不涉及对儿童的侵犯的，不予追责。

此规定亦适用于实施第十条 a 规定之行为者，如果该行为意在实施第一款

规定的行为,而该行为在既遂情况下,根据该款规定明显不涉及对儿童的伤害。(2009 年第 343 号法)

第十五条 第二十三章规定了强奸罪、加重强奸罪、性侵罪、加重性侵罪、强奸儿童罪、加重强奸儿童罪、性剥削儿童罪、性侵儿童罪、加重性侵儿童罪、剥削儿童进行性拍摄罪、加重剥削儿童进行性拍摄罪、以购买性行为剥削儿童罪、购买性服务罪、诱使罪以及加重诱使罪的未遂责任。

此规定亦适用于诱使罪的犯罪预备以及强奸罪、加重强奸罪、强奸儿童罪、加重强奸儿童罪、加重剥削儿童进行性拍摄罪、加重诱使罪的预备与共谋,以及未能发现或者预防此类犯罪的责任。(2019 年第 806 号法)

第七章　危害家庭罪

第一条　已婚者缔结新的婚姻关系或者未婚者与已婚者缔结婚姻关系的，承担重婚罪的责任，处以罚金或者二年以下监禁。

登记为同居关系的同居者缔结婚姻关系的，承担非法缔结婚姻关系罪的责任，处以罚金或者二年以下监禁。（1994 年第 1119 号法）

第一条 a　废除。（2009 年第 255 号法）

第二条　行为人通过非法强制、欺诈以及给予或者许诺给予报酬的手段，获得他人同意或者许可收养未满十八周岁者的，承担不正当获得同意或者许可收养儿童罪的责任，处以罚金或者二年以下监禁。（2006 年第 274 号法）

第三条　行为人错认亲子关系或者交换儿童，或者向公共机构提交不正确告知书或者不提交告知书，为自己或者他人盗用虚假家庭身份，或者剥夺他人合法家庭身份的，承担歪曲家庭身份罪的责任，处以罚金或者二年以下监禁。

第四条　行为人未经授权将未满十五周岁的儿童与其监护人隔离开来的，如果该行为不构成侵犯自由的犯罪，承担诱拐儿童罪的责任，处以罚金或者一年以下监禁。此规定亦适用于与他人共同享有对未满十五周岁的儿童监护权者无充分理由将儿童与其他监护人隔离开来的情形，以及被指定监护儿童者未经授权夺取儿童，借此擅自处理的情形。

行为人未经授权将不满十五周岁的儿童与根据《青少年护理法》（1990 年第 52 号法）护理该儿童者隔离开来的，如果行为不构成侵害自由的犯罪或者帮助逃脱罪，承担第一款规定之责任。

如果实施第一款或者第二款规定的犯罪情节严重，对犯罪人处六个月以上

四年以下监禁。(2014 年第 303 号法)

第五条 第二十三章规定了不正当获得同意或者许可收养儿童罪、歪曲家庭身份罪以及情节严重的诱拐儿童罪的未遂责任。(2006 年第 274 号法)

第六条 非为保护公共利益所必需,检察官不得对诱拐儿童罪提起控诉。(1973 年第 648 号法)

第八章　盗窃罪、抢劫罪及其他窃取性犯罪

第一条　行为人以占有之目的，非法取得他人财物的，如果窃取行为涉及损失，承担盗窃罪的责任，处二年以下监禁。

第二条　如果从被窃取财物的价值与其他犯罪相关情节来看，行为人实施第一条规定的犯罪情节较轻，承担减轻盗窃罪的责任，处罚金或者六个月以下监禁。（2017 年第 442 号法）

第三条　废除。（1987 年第 791 号法）

第四条　如果实施第一条规定的犯罪情节严重，行为人承担加重盗窃罪的责任，处六个月以上六年以下监禁。

在认定犯罪情节是否严重之际，具体应考虑财物是否被害人随身携带或者在其周边，犯罪人是否携带武器、爆炸物或者相似工具，盗窃行为是否构成系列犯罪行为的一部分，盗窃行为在性质上是否特别危险或者残忍，是否涉及相当大的价值或者造成极其痛苦的损失。（2021 年第 35 号法）

第四条 a　如果第一条规定的犯罪实施于侵入住宅或者其他相似住处之后，行为人承担入户盗窃罪的责任，处一年以上六年以下监禁。

但是，如果从侵害的完整性或者其他情节来看，实施第一款规定的行为性质较轻，行为人不承担入户盗窃罪的责任，而承担该行为构成的其他犯罪的责任。（2021 年第 35 号法）

第五条　以对人使用暴力或者以紧迫或者在被害人看来紧迫的危险相威胁进行盗窃，或者在盗窃之后被当场抓获之际，使用上述暴力或者威胁反抗想要取回被盗窃财物的，承担抢劫罪的责任，处一年以上六年以下监禁。此规定

亦适用于行为人使用上述暴力或者威胁,强迫他人实施为犯罪人带来收益,且给被强迫者或者位于其场所的其他人造成损失的作为或者不作为。将被害人置于无助或者相似状态等同于暴力。

但是,如果从暴力、威胁或者其他情节来看,实施第一款规定的行为性质较轻,行为人不承担抢劫罪的责任,而承担该行为构成的其他犯罪的责任。(1975 年第 1395 号法)

第六条 如果实施第五条规定的犯罪情节严重,行为人承担加重抢劫罪的责任,处五年以上十年以下监禁。

在认定犯罪情节是否严重之际,具体应考虑:

(一)暴力是否威胁到生命;

(二)犯罪人是否造成严重身体伤害、严重疾病,是否表现特别残忍,或者野蛮地利用被抢劫者所处的无助或者脆弱的地位;或者

(三)行为在性质上是否特别危险。(2017 年第 332 号法)

第七条 行为人非法取得并使用他人的汽车或者其他机动交通工具的,除非该行为根据第一条、第二条或者第四条至第六条可罚,承担窃取交通工具罪的责任,处二年以下监禁。如果犯罪情节较轻,处罚金或者六个月以下监禁。

如果犯罪情节严重,行为人承担加重窃取交通工具罪的责任,处六个月以上四年以下监禁。在认定犯罪情节是否严重之际,具体应考虑行为是否包括暴力或者以犯罪行为相威胁、性质是否特别残忍、是否涉及相当大的价值,或者是否造成极其痛苦的损失。(2017 年第 442 号法)

第八条 在本章规定的情形之外,行为人非法取得并使用或者窃取物品的,承担非法强占罪的责任,处罚金或者一年以下监禁。此规定适用于行为人并不窃取物品,但是以使用或者破坏锁具或者其他方式非法侵扰他人的占有权,造成损失或者不便的情形。通过使用暴力或者以暴力相威胁,阻碍他人行使持有或者取得物品的权利者,亦承担非法强占罪的责任。

如果犯罪情节严重,行为人承担加重非法强占罪的责任,处六个月以上四年以下监禁。在认定犯罪情节是否严重之际,具体应考虑行为是否包括暴力或者以犯罪行为相威胁、性质是否特别残忍、是否涉及相当大的价值,或者是否造

成极其痛苦的损失。(2017 年第 442 号法)

第九条 行为人使用第八条规定的方式,取回其有权所有的财物的,承担非法收回罪的责任,处罚金或者六个月以下监禁。(2017 年第 442 号法)

第十条 行为人非法转移电力的,承担非法转移能源罪的责任,处罚金或者一年以下监禁。此规定适用于行为人非法从管道转移热能取暖或者将热能转移至制冷管道的情形。

如果犯罪情节严重,行为人承担加重非法转移能源罪的责任,处六个月以上四年以下监禁。在认定犯罪情节是否严重之际,具体应考虑行为性质是否特别危险、是否涉及相当大的价值,或者是否造成极其痛苦的损失。(2017 年第 442 号法)

第十条 a 废除。(2017 年第 442 号法)

第十一条 行为人非法从森林或者土地取得第十二章第二条 a 规定的物品的,如果该罪造成的损失根据该条不被视为较轻,本章关于窃取的规定亦适用。(2017 年第 442 号法)

第十二条 第二十三章规定了实施盗窃罪、加重盗窃罪、入户盗窃罪、抢劫罪、加重抢劫罪、窃取交通工具罪、加重窃取交通工具罪、非法转移能源罪以及加重非法转移能源罪的未遂责任与预备责任。此规定亦适用于实施加重盗窃或者入户盗窃的共谋、实施抢劫罪或者加重抢劫罪的共谋以及未能发现或者预防此类犯罪的责任。但是,如果窃取交通工具的行为即使完成也会被视为较轻,该行为不产生责任。(2021 年第 35 号法)

第十三条 除加重盗窃罪、入户盗窃罪、抢劫罪与加重抢劫罪,如果本章规定的其他犯罪是针对如下人员实施,仅在被害人报案要求控诉或者为保护公共利益所必需时,检察官方可提起控诉:

(一)与犯罪人共同居住者,不仅是暂时性的;

(二)配偶、直系尊亲属或者卑亲属、同胞兄弟姐妹、连襟、姑嫂及其他姻亲;

(三)与犯罪人存在相似亲近关系者。

在适用上述规定的场合,相关犯罪的从犯与承担收赃责任或者次要收赃责任者视同于正犯。(2021 年第 35 号法)

第九章　诈骗罪及其他欺诈性犯罪

第一条　行为人通过欺诈方法引诱他人实施为犯罪人带来收益、给被欺诈者或者在其位置者造成损失的作为或者不作为的，承担诈骗罪的责任，处二年以下监禁。

行为人以提供不正确或者不完整信息，或者修改程序或者记录，或者以其他方式非法影响自动信息处理或者相似自动程序结果的方式，为犯罪人带来收益并给其他人造成损失的，亦承担诈骗罪的责任。（1986 年第 123 号法）

第二条　如果从损失的大小与其他相关犯罪情节来看，行为人实施第一条犯罪情节较轻的，承担减轻诈骗罪的责任，处罚金或者六个月以下监禁。

行为人以现金支付为条件，提供住宿、食物、交通、表演许可或者其他相似事务而不履行义务的，无论是否欺骗他人，都承担减轻诈骗罪的责任。但是，如果行为涉及的价值并不轻，在其他方面构成第一条规定的，上述规定不适用。（2017 年第 442 号法）

第三条　如果实施第一条规定的犯罪情节严重，行为人承担加重诈骗罪的责任，处六个月以上六年以下监禁。

在认定犯罪情节是否严重之际，具体应考虑犯罪人是否滥用了公共信任、是否使用了根据第十四章或者第十五章可罚的文书或者其他物品或者误导性陈述，该行为是否在性质上特别危险，是否涉及高额价值或者造成了极其痛苦的损失。（2017 年第 442 号法）

第三条 a　行为人以欺骗他人实施为犯罪人带来收益、给收款人或者处于其位置者造成损失的行为之目的，指示付款请求迂回进行的，如果行为涉及高

额价值，承担加重发票诈骗罪的责任，处六个月以上六年以下监禁。（2017 年第 442 号法）

第三条 b　行为人为拨款或者补助原目的之外的目的，通过或者以影响欧盟或者欧洲原子能共同体预算的方式，违反规定与条件使用拨款与补助的，承担滥用补贴罪的责任，处罚金或者二年以下监禁。在情节较轻的案件中，对行为人不予追责。

如果犯罪情节严重，行为人承担加重滥用补贴罪的责任，处六个月以上六年以下监禁。在认定犯罪情节是否严重之际，具体应考虑行为是否涉及高额价值或者性质特别危险。（2019 年第 310 号法）

第三条 c　（2021 年 5 月 31 日生效）行为人实施下述行为的，承担非法处理支付凭证罪的责任，处罚金或者二年以下监禁：

（一）非法获得支付工具；

（二）为欺诈使用而变造支付凭证或者伪造支付凭证；或者

（三）使用非法获取、变造或者伪造的支付凭证，或者处理此类支付凭证。

“支付凭证”是指受保护的授权划拨金钱或者货币值的凭据、文件或者信息。

如果实施第一款规定的犯罪情节严重，行为人承担加重非法处理支付凭证罪的责任，处六个月以上六年以下监禁。在认定犯罪情节是否严重之际，具体应考虑行为：

（一）是否涉及高额价值或者是否能够造成极其痛苦的损失；

（二）是否有组织或者系列犯罪活动的一部分；或者

（三）是否在性质上特别残忍或者危险。

如果本法其他条款对行为规定了相同或者更重的处罚，行为人不根据本条承担责任。（2021 年第 322 号立法）

第四条　行为人以非法强制之方法，引诱他人实施使犯罪人获益，使被强制者或者处于其位置者受损之作为或者不作为的，如果该行为不被视为抢劫罪或者加重抢劫罪，承担敲诈罪的责任，处二年以下监禁。如果犯罪情节较轻，行为人承担减轻敲诈罪的责任，处罚金或者六个月以下监禁。

如果犯罪情节严重,行为人承担加重敲诈罪的责任,处一年六个月以上六年以下监禁。在认定犯罪情节是否严重之际,具体应考虑行为:

(一)是否包含严重暴力;

(二)是否包含以武器、爆炸物、仿制武器,或者有施加暴力的能力的假象实质强化的威胁,或者其他严重威胁;

(三)是否在性质上特别残忍或者危险。(2017 年第 443 号法)

第五条 行为人为获得明显与对价不相称的利益或者不支付对价,在与他人达成协议或者进行其他具有法律后果的诉讼之际,利用其窘迫、缺乏理解、轻率或者从属地位的,承担高利盘剥罪的责任,处罚金或者二年以下监禁。

在商业活动或者其他日常或者大型活动中提供贷款之际,获得与对价明显不相称的利息或者其他金钱收益者,亦承担高利盘剥罪的责任。

如果犯罪情节严重,行为人承担加重高利盘剥罪的责任,处六个月以上四年以下监禁。在认定犯罪情节是否严重之际,具体应考虑行为是否涉及高额价值或者性质特别残忍或者危险。(2017 年第 442 号法)

第六条 行为人实施下述行为的,承担收赃罪的责任,处二年以下监禁:

(一)以妨碍归还的方式处置他人因犯罪而失去的物品;

(二)从他人的犯罪所得中获得不当收益;或者

(三)以索取、转移或者其他相似方式,对犯罪收益主张债权。

行为人在业务活动或者日常或者大型活动中,以足以妨碍归还的方式,获取或者收受可以合理推测是他人因犯罪行为而失去的物品的,亦承担收赃罪的责任。

如果实施第一款或者第二款规定的犯罪情节严重,行为人承担加重收赃罪的责任,处六个月以上六年以下监禁。在认定犯罪情节是否严重之际,应具体考虑行为是否涉及高额价值,是否为系列犯罪活动的一部分,或者性质是否特别危险。(2021 年第 35 号法)

第六条 a 废除。(2014 年第 308 号法)

第七条 如果实施第六条规定的犯罪情节较轻,行为人承担减轻收赃罪的责任,处罚金或者六个月以下监禁。

具有下述情形之一,行为人亦承担减轻收赃罪的责任:

(一)在第六条第二款规定的情形之外,以足以妨碍归还的方式,获取或者收受可以合理推测是他人因犯罪行为而失去的物品;

(二)在第六条第一款规定的情形之外,虽未认识到,但是有合理理由认为有犯罪被实施;

(三)在第六条第一款第一项规定的情形之外,参与实施他人因此失去财产的犯罪,虽然未认识到,但是有合理理由认为有犯罪被实施。(1991 年第 451 号法)

第七条 a　废除。(2014 年第 308 号法)

第八条　在本章上述规定的情形之外,行为人违背诚信,通过欺骗引诱他人实施作为或者不作为,伤害被欺骗者或者处于其位置者的,承担欺诈行为罪的责任,处罚金或者二年以下监禁。(1970 年第 414 号法)

第九条　行为人公开或者在公众中传播误导性信息,以影响货物、证券或者其他财产价值的,承担欺诈罪的责任,处二年以下监禁;如果犯罪情节较轻,处罚金或者六个月以下监禁。

参与组建有限责任公司或者其他公司者,或者因其职位应该具有关于公司的特殊信息者,以故意或者严重过失,公开或者在公众中散播或者在公司股东中散播误导性信息,足以影响对公司的财务评价,并因此造成损失的,亦承担欺诈罪的责任。

如果实施第一款或者第二款犯罪情节严重,行为人承担加重欺诈罪的责任,处六个月以上六年以下监禁。在认定犯罪情节是否严重之际,具体应考虑是否大规模实施行为,是否可能造成相当大的损失或者性质特别危险。(2017 年第 442 号法)

第十条　行为人接收伪造的、外观变造的或者不正确的文件或者金额不足的变造支票,以在要求付款时用作施压工具的,承担高利典当罪的责任,处以罚金或者二年以下监禁。

第十一条　(2021 年 5 月 31 日停止适用)第二十三章规定了诈骗罪、加重诈骗罪、敲诈罪、减轻敲诈罪、加重敲诈罪、高利盘剥罪、加重高利盘剥罪、收赃罪与加重收赃罪的未遂与预备责任以及加重诈骗罪、加重敲诈罪、收赃与加重收赃罪的共谋责任。但是,第二十三章第三条的规定不适用于敲诈罪、减轻敲诈罪或者加重敲诈罪的未遂。第二十三章亦规定了加重发票诈骗罪的预备责任。

行为人伤害本人或者他人,损毁本人或者他人财物,以欺骗保险人或者具有其他诈骗意图的,承担相应的诈骗罪或者加重诈骗罪的预备责任。此规定适用于以相同意图造成上述伤害或者损毁未遂者。如果在伤害或者损毁发生之前,主动放弃完成行为,对行为人不予追责。(2021 年第 35 号法)

第十一条* (2021 年 5 月 31 日生效)第二十三章规定了诈骗罪、加重诈骗罪、非法处理支付凭证罪、加重非法处理支付凭证罪、敲诈罪、减轻敲诈罪、加重敲诈罪、高利盘剥罪、加重高利盘剥罪、收赃罪与加重收赃罪的未遂与预备责任以及加重诈骗罪、加重敲诈罪、收赃与加重收赃罪的共谋责任。但是,第二十三章第三条的规定不适用于敲诈罪、减轻敲诈罪或者加重敲诈罪的未遂。第二十三章亦规定了加重发票诈骗罪的预备责任。

行为人伤害本人或者他人,损毁本人或者他人财物,以欺骗保险人或者具有其他诈骗意图的,承担相应的诈骗罪或者加重诈骗罪的预备责任。此规定亦适用于以相同意图造成上述伤害或者损毁未遂者。如果在伤害或者损毁发生之前,主动放弃完成行为,对行为人不予追责。(2021 年第 322 号法)

第十二条 第八章第十三条限制检察官提起控诉的规定适用于本章规定的犯罪,加重诈骗与加重敲诈除外。

就由行为人违反约定从自己的信用账户或者资产账户取款构成的诈骗罪与减轻诈骗罪与第二条第二款规定的减轻诈骗罪的控诉,只有为保护公共利益所必需,方可由检察官提起。(2017 年第 443 号法)

---

* 本条原文即如此,未作变动。——编者注

第十章　侵占罪、其他背信罪与贿赂罪

第一条　行为人根据协议、公共或者私人雇佣关系或者类似关系，以他人名义占有财物，负有交付该财物或者说明义务，通过获取该财物或者其他方式，无视履行义务须遵守之规则，使犯罪人获益、财物权利人受损的，承担侵占罪的责任，处二年以下监禁。

第二条　如果从被侵占财物的价值与其他犯罪相关情节来看，行为人实施第一条规定的犯罪情节较轻，承担减轻侵占罪的责任，处罚金或者六个月以下监禁。(2017 年第 442 号法)

第三条　如果实施第一条规定的犯罪情节严重，行为人承担加重侵占罪的责任，处六个月以上六年以下监禁。

在认定犯罪情节是否严重之际，具体应考虑犯罪人是否滥用了其职责，是否使用了第十四章或者第十五章规定的可罚的凭证或者其他物品，是否使用了误导性陈述，行为性质是否特别危险，是否涉及高额价值以及是否造成极其痛苦的损失。(2017 年第 442 号法)

第四条　在第一条、第二条或者第三条规定的情形之外，行为人采取的措施涉及其占有的财物，但是该财物的所有权或者担保是为他人保留、已向他人保证或者以其他方式属于他人，该人因此被剥夺了财物或者以某种方式被剥夺了权益的，承担非法处置罪的责任，处以罚金或者一年以下监禁。

如果犯罪情节严重，行为人承担加重非法处置罪的责任，处六个月以上四年以下监禁。在认定犯罪情节是否严重之际，具体应考虑行为是否涉及高额价值、是否造成极其痛苦的损失以及行为性质是否特别危险或者残忍。(2017 年

第442号法）

第五条 行为人因信托关系，受托以他人名义管理财务事务、独立处理需要专业资格的技术知识的事务或者监督相应事务的管理或者工作，滥用其信托地位给其当事人造成损失的，承担背信罪的责任，处二年以下监禁。如果该行为根据第一条至第三条可罚，不适用本款规定。

如果犯罪情节严重，行为人承担加重背信罪的责任，处六个月以上六年以下监禁。在认定犯罪情节是否严重之际，具体应考虑其当事人是否蒙受相当大或者极其痛苦的损失，犯罪人是否使用了第十四章或者第十五章规定的可罚的凭证或者其他物品，是否使用了误导性陈述，行为性质是否特别危险。

行为人受托以他人名义处理法律事务，滥用其信托地位，给其当事人造成伤害的，即使该事务并无财务或者技术性质，亦根据第一款规定承担责任。（2017年第442号法）

第五条a 行为人身为雇员或者从事委托业务，以履行职责或者开展业务为由，收取不当利益，接受给予不当利益的许诺或者要求不当利益，承担受贿罪的责任，处罚金或者二年以下监禁。此规定适用于接受公众投注的比赛的参与人或者官员，如果不当利益涉及其在比赛中的履行职责。

行为实施于犯罪人获得第一款规定的职位之前或者离职之后的，也适用第一款规定。

行为人为他人收取不当利益、接受给予不当利益的许诺或者要求不当利益的，亦根据第一款与第二款的规定，承担受贿罪的责任。（2012年第301号法）

第五条b 在第五条a规定的情形中，行为人给予、许诺给予或者提供不当利益的，承担行贿罪的责任，处罚金或者二年以下监禁。（2012年第301号法）

第五条c 如果实施第五条a或者第五条b中的犯罪情节严重，行为人承担加重受贿罪或者加重行贿罪的责任，处六个月以上六年以下监禁。在认定犯罪情节是否严重之际，具体应考虑行为是否涉及滥用或者侵害负有特定责任的职位，是否涉及高额价值，是否系列犯罪活动的一部分、大规模实施，或者性质特别危险。（2012年第301号法）

第五条 d　在第五条 a 或者第五条 b 规定的情形之外，行为人实施如下行为的，承担影响力交易罪的责任，处罚金或者二年以下监禁：

（一）收取不当利益，接受给予不当利益的许诺或者要求不当利益，以影响他人在行使公共职权或者公共采购过程中的决定或者采取的措施；或者

（二）给予他人、向他人许诺给予或者提供不当利益，使之影响其他人在行使公共职权或者公共采购过程中的决定或者采取的措施。（2012 年第 301 号法）

第五条 e　企业经营者给其具体企业事务中的代表提供金钱或者其他财物，因严重过失，促进了行贿罪、加重行贿罪或者第五条 d 第二项规定的影响力交易罪，承担过失资助贿赂罪的责任，处罚金或者二年以下监禁。（2012 年第 301 号法）

第六条　在本章上述规定的情形之外，行为人滥用代表他人进行具有法律后果的诉讼的权限，给他人造成损失，或者滥用其发行债券或者类似单据的权限，要求他人拥有权利的物品的，承担滥用权限罪的责任，处罚金或者二年以下监禁。此规定适用于行为人根据尚未发行的单据、已经偿还的债务要求付款，要求交付其已经收到的货物，或者在请求即付之际，使用尚未开立的收据的情形。

第七条　行为人非法使用属于他人的物品，导致损失或者不便的，承担非法使用罪的责任，处罚金或者一年以下监禁。此规定适用于行为人非法使用其占有但他人享有使用或者其他权利之地产的一部分，导致损失或者不便的情形。

如果犯罪情节严重，行为人承担加重非法使用罪的责任，处六个月以上四年以下监禁。在认定犯罪情节是否严重之际，具体应考虑行为性质是否特别危险或者残忍、是否涉及高额价值、是否造成极其痛苦的损失。（2017 年第 442 号法）

第八条　行为人违反法律要求就其发现的物品、因错误或者偶然占有的他人物品发出公告的义务的，承担发现物品罪的责任，处以罚金。行为人以获得该财产的意图未履行义务或者以第四条规定的方式使用该财产的，适用该条的

规定。

第九条 第二十三章规定了侵占罪与背信罪的未遂责任，加重侵占罪与加重背信罪的未遂、预备与共谋责任。第二十三章亦规定了加重行贿罪的预备责任。(2016 年第 508 号法)

第十条 第八章第十三条限制检察官提供控诉的权力之规定，适用于本章规定的各罪，加重侵占罪与加重背信罪除外。

针对减轻侵占罪，非法处置或者非法使用犯罪人根据租赁合同、约定付款前不转移所有权的合同取得占有权，或者犯罪人基于附有可收回权的赊购取得占有权的动产的犯罪的控诉，只有在根据特定理由为保护公共利益所必需之际，方可由检察官提出。

就受贿罪、行贿罪、影响力交易罪以及过失资助贿赂罪的控诉，只有为保护公共利益所必需，方可由检察官提出。但是，第二十章第五条规定在某些案件中不适用此限制。(2017 年第 442 号法)

第十一章　侵害债权人等的犯罪

第一条　行为人在资不抵债或者处于资不抵债的实质危险中之际，毁灭或者以赠予及类似方法处置具有相当大价值的财物的，承担对债权人背信罪的责任，处二年以下监禁。此规定适用于行为人以相似的行为，使本人资不抵债或者造成资不抵债的实质危险的情形。

债务人在濒临破产之际，将具有高额价值的资产转移出本国，以将之排除破产范围，或者债务人在破产时，转移资产或者将资产排除破产清理范围的，亦承担对债权人背信罪的责任。此规定亦适用于债务人以不正当之目的，在清算人要求之际，未在将海外资产置于破产清算范围方面尽可能地提供协助的情形。

如果犯罪情节严重，行为人承担加重对债权人背信罪的责任，处六个月以上六年以下监禁。在认定犯罪情节是否严重之际，具体应考虑犯罪人是否在宣誓作证后提供错误信息，是否使用虚假文件或者误导性陈述，是否大规模实施犯罪，以及犯罪行为性质是否特别危险。（2005 年第 242 号法）

第二条　就破产、债务减免、企业债务减免或者与债权人的公开和解安排，债务人因为故意或者严重过失未申报资产、申报不存在的债务或者提供其他此类错误信息的，如果在宣誓作证前未予纠正，或者以某种其他方式构成了相应程序的基础，承担妨害破产或者执行程序罪的责任，处二年以下监禁。

就其他执行程序，债务人故意使用不正确的文件或者虚构的协议，使必要的财产未能通过该程序被申请为付款或者债权人的抵押品，亦承担妨害执行程序罪的责任。

如果第一款规定的未能报告信息或者提供错误信息对于相应事务无关紧要,或者债务人有权就破产拒绝进行陈述,这意味着行为人具有合理辩解,不予追责。

如果故意实施本条规定的犯罪,而且情节严重,行为人承担加重妨害破产或者执行程序罪的责任,处六个月以上六年以下监禁。在认定犯罪情节是否严重之际,具体应考虑债务人是否在宣誓作证后提供错误信息,是否使用虚假文件或者误导性陈述,是否大规模实施犯罪。(2016 年第 677 号法)

第三条 在资不抵债或者处于资不抵债的实质危险中之际,行为人继续开展业务,耗费大量资源却不将收益归于该业务,或者生活奢华,或者进入冒险事业或者轻率地承担或有负债,或者开展其他类似活动,因故意或者严重过失,大幅恶化其财务状况的,承担对债权人疏忽罪的责任,处二年以下监禁。如果犯罪人虽未认识到,但是有合理理由推测其已经资不抵债或者处于将资不抵债的实质危险之中,此规定亦适用。(2005 年第 242 号法)

第四条 行为人在资不抵债之际给予特定债权人优惠,清偿尚未到期的债务、以约定的付款方式之外的方式付款、提供债务发生时未约定的抵押物或者采取其他此类措施,如果该措施造成了大幅损害其他债权人权益的实质危险,承担给予债权人不正当优惠罪的责任,处二年以下监禁。如果资不抵债的行为人为不正当之目的,以上述规定之外的方式给予特定债权人优惠,造成了大幅损害其他债权人权益的实质危险,此规定亦适用。

行为人为促成和解安排而秘密给予或者许诺给予付款或者其他利益的,亦承担给予债权人不正当优惠罪的责任。(2005 年第 242 号法)

第五条 行为人故意或者因严重过失,以不达成账目中的商业交易、保持会计记录原状、记入错误信息或者其他方式,未满足《会计法》(1999 年第 1078 号法)中保留会计记录的要求,如果致使不能根据账目对通常的业务过程、财务业绩或者状况进行大致评估的,承担会计罪的责任,处二年以下监禁。如果犯罪情节较轻,处罚金或者六个月以下监禁。

如果犯罪情节严重,行为人承担加重会计罪的责任,处六个月以上六年以下监禁。在认定犯罪情节是否严重之际,具体应考虑未能满足要求是否涉及相当高的数额、犯罪人是否适用虚假文件、行为是否系列犯罪活动的一部分，或者行为性质是否特别危险。

如果保留会计记录的要求涉及《会计法》第二章第二条规定的不开展业务活动的法人，第一款与第二款的规定不适用。（2005 年第 242 号）

第六条 第二十三章规定了第一条第一款中对债权人背信罪的未遂责任，第一条第二款中涉及被转移出本国的资产的背信罪的未遂责任，在本罪将被认定为加重对债权人背信罪的场合，本规定亦适用。第二十三章亦规定了加重对债权人背信罪的预备责任与共谋责任，以及加重会计罪的预备责任。（2016 年第 508 号法）

第七条 行为人在债务人的场所，实施债务人根据本章规定须承担责任的行为，与债务人承担相同犯罪的责任的，处以相同刑罚。

在第四条规定的场合，债权人收取或者接受付款许诺、抵押或者其他利益或者其许诺，如果其使用不正当的威胁，给予不正当的利益许诺，或者与犯罪人秘密共谋，承担该罪的共犯责任。（1986 年第 43 号法）

第八条 只有为保护公共利益所必需，对债权人疏忽罪的控诉方可由检察官提起。只有根据特殊理由为保护公共利益所必需，对情节较轻的会计罪的控诉方可由检察官提起。（2013 年第 216 号法）

第十二章　毁坏财物罪

第一条　行为人毁灭或者毁坏财物，侵害他人对财物的权利的，承担毁坏财物罪的责任，处二年以下监禁。（2017 年第 442 号法）

第二条　如果从破坏的较轻性与其他犯罪相关情节来看，行为人实施第一条规定的犯罪情节较轻，承担较轻毁坏财物罪的责任，处罚金或者六个月以下监禁。（2017 年第 442 号法）

第二条 a　行为人在森林中或在土地上，非法取走正在生长的树木或者青草、风吹倒的树木，或者尚未处理的石头、沙砾、泥煤或者其他物品，如果从取走物品的价值及其他情节来看情节较轻的，承担造成较轻破坏罪的责任。行为人从正在生长的树上取走嫩芽、枝条、桦树皮、树皮、树叶、韧皮纤维、橡子、山毛榉坚果、坚果或者树脂的，亦适用此规定。（2017 年第 442 号法）

第三条　如果实施第一条规定的犯罪情节严重，行为人承担加重毁坏财物罪的责任，处六个月以上六年以下监禁。

在认定犯罪情节是否严重之际，具体应考虑行为是否对他人的生命或者健康造成了相当大的危险，受损的物品是否具有巨大文化或者经济价值，在某种方式上是否极其痛苦或者行为性质特别残忍。（2017 年第 442 号法）

第四条　行为人非法且不使用道路穿越专有土地、种植园或者可能因此遭受破坏的其他土地的，承担非法取道罪的责任，处罚金或者六个月以下监禁。（2017 年第 442 号法）

第五条　第二十三章规定了加重毁坏财物罪的未遂与预备责任、毁坏财物罪的未遂责任，以及未能发现或者预防加重毁坏财产罪的责任。（2016 年第

508 号法)

第六条　对较轻毁坏财物、造成较轻破坏或者非法取道的行为,如果犯罪行为仅侵害了个人权益,只有在因特殊理由为保护公共利益所必需之际,方可由检察官提起控诉。(2017 年第 442 号法)

第十三章　危害公共安全罪

第一条　行为人纵火给他人生命或者健康造成危险或者对他人财产造成大规模破坏的危险的,承担纵火罪的责任,处二年以上八年以下监禁。

如果犯罪情节较轻,处一年以上三年以下监禁。(1993 年第 207 号法)

第二条　如果实施第一条规定的犯罪情节严重,行为人承担加重纵火罪的责任,处六年以上十八年以下监禁,或者终身监禁。

在认定犯罪情节是否严重之际,具体应考虑是否在人烟稠密地区点火、是否容易蔓延、是否对多数人或者特别重要的财物造成危险。(2009 年第 396 号法)

第三条　行为人造成爆炸、洪水、滑坡、沉船、空难、火车事故或者其他类似灾难,对他人的生命或者健康造成危险或者对他人财物造成大规模破坏的危险的,承担造成公共危险的毁灭罪的责任,处二年以上八年以下监禁。

如果犯罪情节较轻,处一年以上三年以下监禁。

如果犯罪情节较重,处六年以上十八年以下监禁,或者终身监禁。(2009 年第 396 号法)

第四条　行为人毁灭或者破坏对于本国国防,或者支持公众需求、司法管理或者公共管理,或者维护公共秩序与安全具有相当重要性的财物,或者以其他不仅仅包括不阻止如此为之的努力或者鼓励的方法,严重侵扰或者妨碍上述财物使用的,承担蓄意破坏罪的责任,处四年以下监禁。行为人毁坏财产或者以上述规定的其他方法,严重侵扰或者妨碍公共交通或者电报、电话、电台以及类似公共服务的使用,或者为公众供应水、光、热以及电的设施的使用的,此规定亦适用。

第五条　如果实施第四条规定的犯罪情节严重,行为人承担加重蓄意破坏罪的责任,处二年以上十八年以下监禁或者终身监禁。

在认定犯罪情节是否严重之际,具体应考虑其是否给国家安全、多人的生命或者特别重要的财物造成了危险。(2009 年第 396 号法)

第五条 a　行为人通过非法强制或者非法使用技术设备控制或者干涉下述交通工具的操控:

(一)航空器;

(二)用于运输货物或者旅客、牵引、救灾、捕鱼或者其他用途的民用商业运输船舶;或者

(三)汽车、渡船或者在铁路、电车轨道或者地铁轨道运行,用于运送货物或者旅客的商业活动的电驱轨道交通工具的,承担劫持罪的责任,处四年以下监禁。行为人通过非法强制,控制用于钻探、提炼自然资源或者用于其他经济目的的海中平台的,亦适用此规定。

在其他场合,行为人实施下列行为的,承担蓄意破坏航运或者航空飞行罪,处四年以下监禁:

(一)毁灭或者严重破坏船舶、第一款规定的平台或者正在使用的航空器;或者

(二)使用足以给船舶、第一款规定的平台或者正在飞行的航空器造成危险的方法的。

如果实施第一款或者第二款规定的犯罪情节严重,处二年以上十八年以下监禁或者终身监禁。在认定犯罪情节是否严重之际,具体应考虑是否给多人的生命造成了危险、行为性质是否特别危险。(2018 年第 165 号法)

第五条 b　行为人实施下列行为之一,足以给机场运行或者安全造成危险的,承担蓄意破坏机场罪的责任,处四年以下监禁:

(一)对从事国际运输的机场的人员使用暴力或者以暴力相威胁;

(二)毁灭或者严重毁坏上述机场或者用于机场交通的设施,或者未用于交通但是停留在机场的航空器;或者

(三)使用暴力或者以暴力相威胁,妨碍上述机场中的活动。

如果犯罪情节严重,处二年以上十八年以下监禁,或者终身监禁。在认定犯罪情节是否严重之际,具体应考虑行为是否对多人的生命造成了危险、行为性质是否特别危险。(2009 年第 396 号法)

第五条 c 行为人以如下方式之一,攻击或者以其他方式干扰警务活动、救援服务或者急救护理,如果足以严重阻碍或者妨碍应急反应或者执法活动,承担蓄意破坏应急服务活动罪的责任,处四年以下监禁:

(一)对从事或者协助此类活动者使用暴力或者以暴力相威胁;

(二)挪用或者损坏正在或者将要用于此类活动的交通工具或者其他工具;

(三)采取其他不当措施。

如果犯罪情节严重,行为人承担加重蓄意破坏应急服务活动罪的责任,处二年以上十八年以下监禁,或者终身监禁。在认定犯罪情节是否严重之际,具体应考虑行为是否对多人的生命或者特别重要的财物造成了危险,或者行为性质特别危险。(2019 年第 1162 号法)

第六条 行为人出于过失,在处理火灾或者爆炸物时不谨慎或者以其他方式,导致下列后果的,承担过失导致公共危险罪的责任,处罚金或者六个月以下监禁:

(一)第一条、第二条或者第三条规定的火灾或者灾难及其危险;

(二)第四条规定的损坏或者障碍;

(三)第五条 a 第二款第一项或者第五条 b 第一款第二项规定的损坏的。

如果犯罪情节严重,处二年以下监禁。(1990 年第 416 号法)

第七条 行为人投毒,感染食物、水或者其他物品,散播毒药或者以相似方式,或者传播、散播严重疾病,对人的生命或者健康造成公共危险的,承担散播毒药或者传染病的责任,处六年以下监禁。

如果犯罪情节严重,处四年以上十八年以下监禁或者终身监禁。在认定犯罪情节是否严重之际,具体应考虑是否以伤害他人的生命或者健康的故意实施犯罪,或者多人遭受危险。(2009 年第 396 号法)

第八条　行为人投毒、传播或者散播恶性疾病，散播害虫或者野草或者以相似的方式，对动物或者植物造成公共危险的，承担破坏罪的责任，处罚金或者二年以下监禁。

如果犯罪情节严重，处六个月以上六年以下监禁。在认定犯罪情节是否严重之际，具体应考虑是否存在伤害故意，遭受危险的财产是否具有高额价值。

第八条 a　废除。（1998 年第 809 号法）

第九条　行为人过失实施第七条或者第八条规定的行为的，承担处理毒药或者传染物质过失罪的责任，处以罚金或者二年以下监禁。（1998 年第 809 号法）

第十条　行为人在处置火灾、爆炸物或者毒药之际，或者以其他方式，造成发生第一条、第二条或者第三条中的火灾或者其他灾难的危险，或者第七条、第八条规定的公共危险，并对上述危险有所认识，根据本章上述规定不承担责任的，承担未能防止公共危险罪的责任，处罚金或者一年以下监禁。

第十一条　行为人根据第一条、第二条、第三条、第六条、第七条、第八条、第九条、第十条、第五条 a 第二款第二项或者第五条 b 第一款第二项或者第三项承担责任，在产生较大滋扰之前，自愿避免上述条款规定的危险或者影响的，可处以比相应各条规定的法定刑较轻的处罚。如果造成的危险较轻，法定刑为一年以下的，行为人不承担责任。（1998 年第 809 号法）

第十二条　第二十三章规定了纵火罪、加重纵火罪、造成公共危险的毁灭罪、蓄意破坏罪、加重蓄意破坏罪、劫持罪、蓄意破坏航运或者航空飞行罪、蓄意破坏机场罪、蓄意破坏应急服务活动罪、加重蓄意破坏应急服务活动罪、散播毒药或者传染病的未遂、预备与共谋责任以及未能发现或者预防此类犯罪的责任。（2019 年第 1162 号法）

第十四章　伪　造　罪

第一条　行为人未经授权，以书写或者其他方式使用他人姓名，以其他方式伪造文书，或者改写真文书、在其中增加内容的，如果造成了证据危险，承担伪造文书罪的责任，处二年以下监禁。

文书是指：

（一）作为证据准备或者具有同等证据重要性的文件，具体列明了出具人并具有原件的特征；

（二）作为证据准备或者具有同等证据重要性的电子文件，以可以验证的可靠方式具体列明了出具人，以及

（三）作为证明某人身份、某种权利或者表现的证据出具，并具有原件特征的标记（证据标记）。（2013 年第 425 号法）

第二条　行为人实施第一条规定的犯罪情节较轻的，承担损坏文书罪的责任，处罚金或者六个月以下监禁。

在认定犯罪情节是否较轻之际，具体应考虑文书重要性是否较轻、行为是否旨在帮助他人或者主张权利。（2013 年第 425 号法）

第三条　行为人实施第一条规定的犯罪情节严重的，承担加重伪造文书罪的责任，处六个月以上六年以下监禁。

在认定犯罪情节是否严重之际，具体应考虑伪造行为是否涉及公共机构认为重要的档案文件，是否是综合贸易中具有特殊重要性的文书，行为性质是否特别危险。（2013 年第 425 号法）

第四条　行为人在行为时无权而毁坏文书、使之失效或者隐藏文书，如果

该行为涉及证据危险,不被认定为会计罪的,承担隐匿文书证明功能罪的责任,处二年以下监禁。

如果犯罪情节较轻,处罚金或者六个月以下监禁。

如果犯罪情节严重,处六个月以上四年以下监禁。(2013 年第 425 号法)

第五条　行为人在艺术作品、实用作品或者相似作品上非法添加或者伪造他人签名、其他艺术家的标记,使人误解行为人是作品的作者的,承担伪造签名罪的责任,处二年以下监禁。

如果犯罪情节较轻,处罚金或者六个月以下监禁。

如果犯罪情节严重,处六个月以上四年以下监禁。(2013 年第 425 号法)

第六条　行为人仿造或者伪造在瑞典或者海外流通或者虽未流通但是已经发行的纸币或者硬币的,承担伪造货币罪的责任,处四年以下监禁。

如果犯罪情节较轻,处罚金或者六个月以下监禁。

如果犯罪情节严重,处二年以上八年以下监禁。(2013 年第 425 号法)

第七条　行为人以使用伪造物品的故意,获得、给予、接收、持有、运输或者与此相似处理第六条规定的纸币或者硬币的,承担非法处理伪钞罪的责任,处二年以下监禁。

如果犯罪情节较轻,处罚金或者六个月以下监禁。

如果犯罪情节严重,处六个月以上六年以下监禁。(2016 年第 348 号法)

第八条　行为人仿造有效的邮票、印花税票或者公共机构发行或者意在用于公用的瑞典或者外国纹印,瑞典或者外国关于度量、重量、货物、文书或者其他物品控制标志的,或者添加伪造的此类标志、未经授权添加真正标志,或者伪造此类标志或者带有此类标志的物品,如果行为涉及证据危险,承担伪造标志罪的责任,处二年以下监禁。

如果犯罪情节较轻,处罚金或者六个月以下监禁。

如果犯罪情节严重,处六个月以上四年以下监禁。(2013 年第 425 号法)

第九条　行为人未经授权,添加可以被误认为有效界址点、水标志、水准点或者其他水平测量或者测高的标志或者其他物品,或者移动、去除、破坏或者毁灭此类标志的,如果行为涉及证据危险,承担伪造固定标志罪的责任,处四年以下监禁。

如果犯罪情节较轻,处罚金或者六个月以下监禁。(2013 年第 425 号法)

第十条 行为人使用虚假文书,提供或者出售伪造签名的作品,使用伪造的纸币或者硬币,使用虚假的纹印或者控制标志,使用虚假标志,或者使用其他本章规定的方式伪造的物品的,如果行为涉及证据危险,视为其本人实施了伪造行为,处以使用伪造物品的处罚。(2013 年第 425 号法)

第十一条 在第十条规定的情形之外,行为人在公众中散播容易被误认为有效纸币、硬币或者公共纹印的,承担非法散播赝品罪,处罚金。(2013 年第 425 号法)

第十二条 行为人实施本章规定的行为,但是在产生较大滋扰之前,主动消除行为所涉的证据危险的,可处以比法定刑较轻之处罚。如果危险较小,而且行为的最高法定刑为六个月监禁,对行为人不予追责。(2013 年第 425 号法)

第十三条 第二十三章规定了实施伪造文书罪、加重伪造文书罪、破坏文书证据功能罪、伪造签名罪、伪造货币罪、伪造标志罪、伪造固定标志或者使用伪造物品罪的未遂与预备责任,以及未能发现或者预防伪造货币行为的责任。此规定亦适用于在意图获得或者接收伪造物品过程中实施的非法处理伪造货币罪的未遂责任。但是,如果犯罪行为在既遂之后也属于情节较轻的,不产生责任。(2016 年第 506 号法)

第十五章　伪证罪、诬告罪及失实陈述罪

第一条　行为人在宣誓作证之后提供错误信息或者隐瞒真相的，承担伪证罪的责任，处四年以下监禁。犯罪情节较轻的，处罚金或者六个月以下监禁。

犯罪情节严重的，处二年以上八年以下监禁。在认定犯罪情节是否严重之际，具体应考虑实施行为是否为了使无辜者承担严重犯罪的责任，或者可能给他人造成极其严重的伤害。（1975 年第 1292 号法）

第二条　在审判过程中，行为人宣誓作证之后又在被询问之际提供错误信息或者隐瞒真相的，承担诉讼参与人虚假陈述罪的责任，处二年以下监禁。犯罪情节较轻的，处罚金或者六个月以下监禁。

第三条　行为人因严重过失实施第一条或者第二条规定的行为，承担过失不实陈述罪的责任，处罚金或者六个月以下监禁。

第四条　如果第一条至第三条规定的陈述被认定对所涉事项无关紧要，对行为人不予追究责任。

如果行为人就其有权拒绝作出陈述的事项提供错误信息或者隐瞒真相，而且情节表明其存在合理辩解，第一款规定亦适用。

第四条 a　被追究刑事责任者在丹麦、芬兰、冰岛或者挪威法院提供错误信息或者隐瞒真相，如果该陈述是在本国依法宣誓后作出的，承担在北欧法院虚假陈述罪的责任，处以第一条规定的处罚。如果是民事参与人作出陈述，处以第二条规定的处罚。如果行为人出于严重过失实施该行为，承担在北欧法院过失不实陈述罪的责任，处以第三条规定的处罚。

第四条、第十四条与第十五条的规定适用于第一款规定的相应行为。

（1975 年第 1292 号法）

第四条 b 在欧盟法院、欧盟普通法院、欧洲自由贸易联盟法院或者国际刑事法院宣誓作证的证人或者专家提供错误信息或者隐瞒真相，如果该陈述是在本国依法宣誓后作出的，承担在国际法院不实陈述罪的责任，处以第一条规定的处罚。

如果行为人出于严重过失实施第一款规定的行为，承担在国际法院过失不实陈述罪的责任，处以第三条规定的处罚。但是，如果是在国际刑事法院作出了上述陈述，对行为人不根据本章追究责任。

第四条、第十四条与第十五条中的相关规定适用于第一款和第二款规定的相应行为。（2009 年第 1281 号法）

第五条 行为人以使无辜者被追责的故意对之提起控诉的，承担诬告罪的责任，处二年以下监禁。犯罪情节较轻的，处罚金或者六个月以下监禁。

如果犯罪情节严重，处六个月以上四年以下监禁。在认定犯罪情节是否严重之际，具体应考虑控诉是否与严重罪行有关、是否涉及滥用官方职务。

以行为人无可能为之的理由而提起控诉的，承担无正当理由控诉罪的责任，处罚金或者六个月以下监禁。

第六条 行为人以使无辜者被追责的故意报案要求控诉的，承担虚假报案罪的责任，处二年以下监禁。犯罪情节较轻的，处罚金或者六个月以下监禁。

行为人虽然没有认识到，但是有合理理由认为被举报者是无辜的，承担无正当理由报案罪的责任，处罚金或者六个月以下监禁。

第七条 在第六条规定的情形之外，行为人向检察官、瑞典警察或者其他公共机构虚假指控他人实施犯罪行为，陈述妥协事实或者否定无罪、罪轻情节，如果该机构有义务接收此类报案的，承担虚假指控罪的责任，处二年以下监禁。如果犯罪情节较轻，处罚金或者六个月以下监禁。

行为人虽然没有意识到，但是有合理理由认为其陈述是虚假的，承担过失指控罪的责任，处罚金或者六个月以下监禁。（2014 年第 615 号法）

第八条 行为人以使无辜者被追责的故意，损坏、毁灭证据或者使用虚假证据的，承担损毁证据罪的责任，处二年以下监禁。犯罪情节较轻的，处罚金或者六个月以下监禁。

犯罪情节严重的，处六个月以上四年以下监禁。

第九条　行为人根据本章上述规定不承担责任，但是采用的手段造成了他人被追责或者无任何合法理由而遭受相当大伤害的危险的，或者在意识到危险之后未采取可以被合理期待的措施消除危险的，承担未能消除司法错误罪的责任，处罚金或者六个月以下监禁。

第十条　行为人以言语之外的方式，提供虚假信息或者隐瞒真相，而根据法律法规，该信息必须经神圣誓言或者相似的肯定方式才能提供的，如果行为方式涉及证据危险，承担虚假主张罪的责任，处罚金或者六个月以下监禁。

犯罪情节严重的，处二年以下监禁。

行为人因严重过失实施第一款规定的行为的，承担过失虚假主张罪的责任，处罚金或者六个月以下监禁。（2013 年第 425 号法）

第十一条　行为人在证书或者其他文书中提供关于其本人身份或者本人事务之外的其他事务的虚假信息，或者为假冒而伪造有关具有法律后果的诉讼文书的，如果行为方式涉及证据风险，承担虚假证明罪的责任，处罚金或者六个月以下监禁。

犯罪行为因涉及滥用官方职务或者其他原因被认定为情节严重的，处二年以下监禁。

行为人引述或者以其他方式使用第一款规定的不实文书的，如果行为方式涉及证据危险，承担使用不实文书罪的责任，处第一款或者第二款规定的处罚。（2013 年第 425 号法）

第十二条　行为人虚假使用护照、证件、身份文件或者其他为其本人或者他人颁发的此类文书，或者交付此类文书，用于滥用行为，如果行为方式涉及证据风险，承担滥用文书罪的责任，处六个月以下监禁。

犯罪情节严重的，处二年以下监禁。

行为人虚假地将文件作为某文书的副本交付的，如果行为方式涉及证据危险，承担滥用文书罪的责任，处第一款或者第二款规定的处罚。（2013 年第 425 号法）

第十三条 行为人否认其在文书上的签名或者在其颁发的文书上可以等同于签名的标识的，如果行为方式涉及证据危险，承担否认签名罪的责任，处罚金或者六个月以下监禁。

犯罪情节严重的，处二年以下监禁。（2013 年第 425 号法）

第十四条 行为人实施本章规定的行为，但是在造成诸多不便之前自愿纠正错误或者消除进一步造成不便的危险的，可处以比相应法定刑较轻的处罚。如果危险较小，而且行为的最高法定刑为六个月监禁，对行为人不予追责。（2013 年第 425 号法）

第十五条 第二十三章规定了伪证罪的预备责任、涉及意图教唆他人实施此类行为者的伪证罪的共谋责任、损毁证据罪的未遂责任。但是，如果犯罪即使既遂也会被认定为情节较轻的，行为不产生责任。（2013 年第 425 号法）

第十六章　危害公共秩序罪

第一条　以表露出对公共机构使用集体暴力或者强制、妨碍实施某一措施的故意的方式，聚众扰乱公共秩序，公共机构命令解散而拒不服从的，承担骚乱罪的责任，对煽动者与领导者处四年以下监禁，对其他参加聚众活动者处罚金或者二年以下监禁。

服从公共机构的命令解散的，煽动者与领导者承担骚乱罪的责任，处罚金或者二年以下监禁。

第二条　以第一条规定的故意，聚众对人或者财产使用集体暴力的，无论公共机构是否在场，承担暴乱罪的责任，对煽动者与领导者处十年以下监禁，对其他参与聚众活动者处罚金或者四年以下监禁。

第三条　正在扰乱公共秩序的聚众者中，不服从维持秩序的命令的，或者侵入为此目的划为保护区或者警戒区的区域的，如果并非骚乱正在进行之际，承担拒不服从官方命令罪的责任，处罚金或者六个月以下监禁。

第四条　行为人以暴力、噪声或者其他相似方式，扰乱或者试图阻止公共宗教服务、其他公共祈祷活动、婚礼、葬礼或者相似仪式，法院审判、中央或者地方政府诉讼程序，公开庆祝、说明或者演讲集会，承担扰乱诉讼程序或者公共集会罪的责任，处罚金或者六个月以下监禁。

行为人以暴力、噪音或者其他相似方式，扰乱或者试图妨碍国际刑事法院听证的，亦承担扰乱诉讼程序或者公共集会罪的责任。(2009 年第 1281 号法)

第五条　行为人在地方团体或者公众前以口头方式，或者以散发、准备好散发书面文书的方式，或者以其他方式联络公众，催促或者以其他方式引诱他人实施犯罪行为、不履行民事义务或者拒绝服从公共机关的，承担煽动罪的责任，处罚金或者六个月以下监禁。

行为人在武装部队成员集会上以口头方式，或者以其他方式与武装部队成员联络，催促或者意图引诱后者为或者不为，不履行职责的，亦承担煽动罪的责任。

在情节较轻的案件中，对行为人不予追责。在认定案件是否情节较轻之际，具体应考虑是否存在催促行为或者意图引诱行为被接受的重大危险。

犯罪人已经试图引诱实施重罪或者实施类似行为，构成犯罪，情节严重的，处四年以下监禁。（1986 年第 645 号法）

第六条 武装部队成员集会共同威胁使用暴力抗拒上级的，承担哗变罪的责任，处罚金或者四年以下监禁。

参与哗变者共同对人或者财产使用暴力的，处六年以下监禁。但是，对煽动者与领导者处十八年以下监禁或者终身监禁。

犯罪情节严重的，处十八年以下监禁或者终身监禁。在认定犯罪情节是否严重之际，具体应考虑行为是否实施于战时或者违反军纪会导致特别重大危险之际。（2009 年第 396 号法）

第七条 废除。（1970 年第 225 号法）

第八条 行为人在散发的声明或者通信中，以影射种族、肤色、民族或者伦理、宗教信仰、性取向、变性身份或者表述的方法，威胁某一族群或者对之表示蔑视的，承担煽动针对族群罪的责任，处二年以下监禁，犯罪情节较轻的，处罚金。

犯罪情节严重的，行为人承担加重煽动针对族群罪的责任，处六个月以上四年以下监禁。在认定犯罪情节是否严重之际，具体应考虑通信是否极其具有威胁性、含有冒犯性内容或者以容易吸引大量关注的方式传播至公众。（2018 年第 1744 号法）

第九条 商务从业人员在经营活动中因种族、肤色、民族或者伦理、宗教信仰、性取向、变性身份或者表述歧视他人，不协助其理解自己在经营活动对其他人使用的条款的，承担非法歧视罪的责任，处罚金或者一年以下监禁。

第一款关于商务从业人员的规定亦适用于其他在经营活动中受雇的人员、以商务从业人员的名义活动的人员以及公共就业人员与占据选举职位者。

公共集会或者活动的组织者以及协助组织者的人，因种族、肤色、民族或者伦理、宗教信仰、性取向、变性身份或者表述歧视他人，以适用于他人的条款拒绝他人参加集会或者活动的，亦承担非法歧视罪的责任。（2018 年第 540 号法）

第十条　行为人未经授权移动、损坏或者无礼处置遗体、死者骨灰，打开坟墓，损坏、侮辱棺柩、骨灰坛、坟墓或者其他死者安息地以及墓碑的，承担扰乱坟墓安宁罪的责任，处罚金或者二年以下监禁。（1993 年第 207 号法）

第十条 a　行为人实施如下行为之一，承担儿童色情物品罪的责任，处二年以下监禁：

（一）在色情图像中描绘儿童；

（二）散播、转让、允许使用、展出或者以其他方法让此类儿童图像为他人可见；

（三）获取或者提供此类儿童图像；

（四）在此类儿童图像的卖家与买家之间协调接触，或者采取其他措施以促成此类图像的交易；或者

（五）持有此类图像，或者观看获得许可的此类图像。

实施第一款规定的犯罪情节较轻的，处罚金或者六个月以下监禁。

“儿童”是指尚未度过青春期或者不满十八周岁者。如果画中人已经度过青春期，但是从图像以及伴随情况能够看出不满十八周岁的，追究第一款第二项至第五项行为的责任。

第一款第一项规定的行为责任，亦适用于虽然没有故意，但是就图像中人不满十八周岁的事实存在过失者。

行为人在经营活动过程中或者以盈利的目的，因过失散播第一款规定的图像的，处以第一款或者第二款规定的处罚。

如果实施第一款规定的犯罪情节严重，行为人承担加重儿童色情物品罪的责任，处一年以上六年以下监禁。在认定犯罪情节是否严重之际，具体应考虑

犯罪是否实施于经营活动过程中或者存在营利目的，是否是系列犯罪活动的一部分、规模是否庞大，所涉图像数量是否特别巨大，所涉图像中的儿童年龄是否极小、是否遭受暴力或者强制，或者受到其他极其残忍的方式的剥削。（2020年第173号法）

第十条 b 如果画者与被画者的年龄及青春期发育差距细微，其他情节也不要求追责，第十条 a 规定的禁止描绘与持有行为不适用于制作第一款或者第二款规定的儿童色情作品者。

如果不存在散播、转让、允许使用、展出或者以其他方式让他人可见的故意，上述禁止性规定亦不适用于以描绘、漆绘或者其他相似方式徒手制作此类图像者。

在其他场合，如果案中情节表明其具有正当性，行为亦不构成犯罪。（2010年第399号法）

第十条 c 行为人以传播的故意在图像中描述性暴力或者性强制，或者传播此类绘画，如果案中情节表明不存在正当事由，承担非法描绘暴力罪的责任，处罚金或者二年以下监禁。此规定亦适用于以插图或者绘制方式在动态影像中描绘对人或者动物的严重暴力并存在传播此类图像故意者以及传播此类图像者。

第一款规定的行为责任亦适用于在经营活动过程中或者出于营利目的，过失传播第一款规定的图像者。（2010年第1881号法）

第十条 d 行为人在经营活动过程中或者出于营利目的，故意或者因严重过失，向不满十五周岁者传播包含对人或者动物的明显或者现实暴力或者暴力威胁的电影、录像或者以其他技术方式录制的动态影像的，承担非法传播技术录制品罪的责任，处罚金或者六个月以下监禁。

第一款规定不适用于获得瑞典面向十五周岁以下儿童群体放映审查媒体委员会批准，制作的含有同样内容的电影、录像或者以其他技术方式录制的动态影像。第一款规定亦不适用于公开放映或者从数据库中回放电影或者录像中的动态影像。

如果技术录制的动态影像已经获得证书，肯定含有此内容的制作已经获得瑞典面向十五周岁以下儿童群体放映审查媒体委员会的批准,第一款规定不适用。但是,如果该证书不正确,而且传播录制品者已经或者应该已经意识到,前述规定不适用。(2010 年第 1881 号法)

第十一条　行为人以陈列或者其他相似方式,在或者通过公共场所展出色情图像,足以导致公愤的,承担非法展出色情图像罪的责任,处罚金或者六个月以下监禁。此规定亦适用于在他人未预定情况下,通过邮件向之发送色情图像或者以其他方式向之传播者。(1970 年第 225 号法)

第十二条　行为人在儿童或者青年人中传播内容可能产生残忍化效应或者可能对青年人的道德培育造成重大危险的书面文书、图像或者技术录制品的,承担引导青年人误入歧途罪的责任,处罚金或者六个月以下监禁。(1998 年第 1444 号法)

第十三条　行为人故意或者因严重过失,以伤害、过度使用、忽视或者其他方式不当让动物遭受痛苦的,承担虐待动物罪的责任,处罚金或者二年以下监禁。(1972 年第 629 号法)

第十四条　废除。(2018 年第 1140 号法)

第十四条 a　废除。(2018 年第 1140 号法)

第十五条　行为人提供错误信息,显示一人或者多人的生命或者健康存在危险,或者存在财产受到大规模毁坏的危险,导致采取了不必要的安保措施的,承担谎报警报罪的责任,处罚金或者一年以下监禁。

实施第一款规定的犯罪情节严重的,处六个月以上四年以下监禁。

行为人滥用警报、应急标志或者其他相似装置,导致瑞典警察机构、市政应急服务组织、急救服务、军队、海难救助服务或者其他公共安全服务不必要出动的,承担滥用警报罪的责任,处罚金或者六个月以下监禁。(2014 年第 615 号法)

第十六条　行为人在公共场所制造噪声或者以足以引起公愤的方式当众行为的,承担混乱行为罪的责任,处定额罚金。(1991 年第 240 号法)

第十七条　第二十三章规定了哗变罪的预备责任、共谋责任以及未能发现或者预防该罪的责任。此规定亦适用于第十条 a 第一款规定的儿童色情物品

罪的未遂责任，以及加重儿童色情物品罪的未遂责任与预备责任。（2018 年第 1140 号法）

第十八条 废除。（2018 年第 1140 号法）

第十九条 废除。（2010 年第 1881 号法）

第十七章　危害公共活动罪

第一条　行为人以暴力或者暴力相威胁的方式，侮辱正在行使公共权力的公职人员、强制公职人员在行使公共权力之际采取或者妨碍其采取某一措施，或者报复该措施的，承担对公职人员实施暴力或者威胁罪的责任，处罚金或者二年以下监禁。此规定亦适用于行为人因公职人员此前在行使公共权力之际的为或者不为，以相同方式侮辱此前行使公共权力的公职人员。

犯罪情节严重的，行为人承担加重对公职人员实施暴力或者威胁罪的责任，处一年以上六年以下监禁。在认定犯罪情节是否严重之际，具体应考虑行为是否：

（一）涉及性质严重的暴力；

（二）涉及以武器、爆炸物、仿制武器强化的威胁，或者以造成施加暴力的假象相威胁，或者其他严重情形；

（三）性质极其残忍或者危险。（2019 年第 1162 号法）

第二条　行为人以第一条规定之外的方式，实施旨在强制或者妨碍公职人员行使公共权力或者报复公共权力行使过程中的措施，对该公职人员造成痛苦、损失或者其他滋扰的，或者威胁实施此类行为的，承担侮辱公职人员罪的责任，处罚金或者六个月以下监禁。

犯罪情节严重的，行为人承担加重侮辱公职人员罪的责任，处四年以下监禁。（2016 年第 508 号法）

第三条　废除。（1975 年第 667 号法）

第四条　在本章上述各条规定的情形之外，行为人以抗拒或者实施暴力的

方式,试图妨碍他人行使公共职权的,承担暴力抗拒罪的责任,处罚金或者六个月以下监禁。(1975 年第 667 号法)

第五条 第一条、第二条与第四条的规定亦适用于行为人以上述各条规定的方式,侮辱或者妨碍根据特殊规定与行使公权者享有同等保护者、即将或者已经被召集协助公职人员实施上述保护所及措施者。(1975 年第 667 号法)

第六条 国际刑事法院官员在履行职责之际,视同行使瑞典公共职权,享受第一条、第二条与第四条规定的相应保护。第十六条适用于针对此类人员实施第一条规定之罪的未遂与预备。(2009 年第 1281 号法)

第七条 废除。(2012 年第 301 号法)

第八条 行为人在公职人员选举过程中或者在其他公共事务中行使选举权之际,试图妨碍选举或者扭曲选举结果,或者不当影响选举的,承担不当干涉选举罪的责任,处罚金或者六个月以下监禁。

如果犯罪情节严重,处四年以下监禁。在认定犯罪情节是否严重之际,具体应考虑是否以暴力或者暴力相威胁的方式实施行为,或者滥用公共职权。

行为人收到不当利益、接受给予的许诺或者要求不当利益,在公共事务中以特定的方式投票或者不投票,如果其行为不构成受贿罪,承担在选举事务中接受不当利益罪的责任,处罚金或者六个月以下监禁。(2012 年第 301 号法)

第九条 行为人未经授权,试图获知应予保密的在公共事务中选举的权利的行使情况,承担侵害选举秘密罪的责任,处罚金或者六个月以下监禁。

第十条 行为人因他人就犯罪行为报案、提起诉讼、作证或者在法院、其他公共机构接受质询时作出陈述,或者为阻止其如此为之,以暴力或者暴力相威胁的方式攻击他人,承担妨害司法罪的责任,处四年以下监禁。此规定亦适用于因他人作证或者在接受公共机构质询时作出陈述,或者为阻止其作出上述陈述,而实施其他导致痛苦、损失或者滋扰行为,或者以此类行为相威胁者。

第一款中的"法院、其他公共机构"也包括国际刑事法院的审判庭或者其他机构。

如果犯罪情节严重,行为人承担加重妨害司法罪的责任,处二年以上八年以下监禁。在认定犯罪情节是否严重之际,具体应考虑:

（一）行为是否导致了危险，或者给公众或者个人造成了严重损害；

（二）行为是否涉及暴力或者性质严重的威胁；

（三）行为性质上极其残忍或者危险。

犯罪情节较轻的，行为人承担轻微妨害司法罪的责任，处罚金或者六个月以下监禁。（2016 年第 508 号法）

第十一条　行为人隐藏犯罪人、帮助其潜逃、消除其罪行的证据，或者以其他相似方式妨害发现罪行、采取针对性法律措施的，承担保护罪犯罪的责任，处罚金或者一年以下监禁。

行为人消除国际刑事法院诉讼程序对象犯罪的证据，或者以其他相似的方式妨害发现罪行或者采取针对性法律措施的，亦承担保护罪犯罪的责任。

犯罪情节严重的，处六个月以上四年以下监禁。

行为人虽然未认识到，但是有合理理由认为他人是罪犯的，处以罚金。

如果从行为人与犯罪人的关系或者其他情节来看，行为情节轻微的，不予追责。（2009 年第 1281 号法）

第十二条　行为人帮助矫正场所中的犯人、被拘押的人、被逮捕的人或者被合法留置的人获得自由，或者在他人已经潜逃之际，通过隐藏或者其他相似方式帮助其逃脱，承担帮助逃脱罪的责任，处罚金或者一年以下监禁。

犯罪情节严重的，处六个月以上四年以下监禁。

如果从拘禁的性质与目的、行为人的行为方式及其与被帮助逃脱者的关系来看，行为情节轻微的，不予追责。（1993 年第 207 号法）

第十三条　行为人非法妨害、损坏或者使用被扣押、封存、冻结、没收或者被采取其他相似措施的财产，损坏或者消除公共机构的告示或者封印，非法开启公共机构封存的物品，或者妨害公共机构采取的其他相似禁止性措施，承担违反官方命令罪的责任，处罚金或者一年以下监禁。

行为人拒绝公职人员进入其有权要求进入的场所的，承担妨害公职人员罪的责任，处罚金。（1981 年第 827 号法）

第十四条　废除。（1975 年第 667 号法）

第十五条　行为人未经授权，假装自己在行使公共职权的，承担假冒公职人员罪的责任，处罚金或者六个月以下监禁。此规定亦适用于未经授权，穿着、佩戴使人认为其属于瑞典武装部队、其他公共服务机构，或者涉及公用交通，公共供水、采光、供热或者供电活动的机构的制服、标志或者其他服务徽章者。

如果从犯罪行为对公众或者个人造成的严重损害或者其他情节来看，犯罪情节严重的，处二年以下监禁。(1999 年第 792 号法)

第十六条 第二十三章规定了对公职人员实施暴力或者威胁罪、加重对公职人员实施暴力或者威胁罪、加重侮辱公职人员罪、妨害司法罪、加重妨害司法罪与帮助逃脱罪的未遂与预备责任。此规定亦适用于加重对公职人员实施暴力或者威胁罪、加重侮辱公职人员罪、妨害司法罪以及加重妨害司法罪的共谋。(2016 年第 508 号法)

第十七条 废除。(2012 年第 301 号法)

第十八章　叛　逆　罪

第一条　行为人用武力或者其他暴力方式推翻现有政体，或者以此方式强迫、妨害国家元首、政府、瑞典议会或者最高法院采取措施或者作出决定的故意，实施存在实现其故意之危险的行为，如果其行为不构成叛国罪，承担煽动叛乱罪的责任，处十年以上十八年以下监禁或者终身监禁，如果所涉危险较轻的，处四年以上十年以下监禁。（2009 年第 396 号法）

第二条　行为人实施第三章至第五章规定的犯罪，涉及侮辱国王、王室其他成员、作为摄政王履行国家元首职责者，如果根据相应规定可处六个月以下监禁的，处四年以下监禁；如果根据相应规定可处六个月以上四年以下监禁的，处六年以下监禁。（1974 年第 565 号法）

第三条　行为人以实施危害公共安全或者公民自由之犯罪的故意，聚集或者指挥军事公司，或者使之处于聚集状态，或者给公司提供武器、弹药或者其他相似装备，或者训练其使用武器的，承担给法律秩序招致武装威胁罪的责任，处六年以上十年以下监禁。

第四条　行为人成立或者参与必须被视为意在组成，或者从其性质与成立的目的来看，很容易发展为诸如军队或者警察机构的武装工具的团体，且没有加强国防或者执法机构之正当权力的，或者为之交易武器、弹药或者其他相似装备的，或者准许使用其场所、土地开展团体活动的，或者以提供金钱以及其他方式提供支持的，承担非法军事活动罪的责任，处罚金或者二年以下监禁。

第五条　行为人以影响舆论形成，妨害政治组织、专业团体或者商业团体行动自由的故意，施加非法强制或者进行非法胁迫，危及言论、集会或者结社自由的,承担危害民主自由罪的责任,处六年以下监禁。

第六条 行为人以自残或者其他方式,使自己长期或者短期无法履行其在武装部队或者国防力量服役的义务,或者以伪装患病以及其他欺诈方式逃避服役义务,承担逃避服役罪的责任,处罚金或者二年以下监禁。如果国家正处于战争时期,处罚金或者四年以下监禁。

第七条 第二十三章规定了实施煽动叛乱罪、给法律秩序招致武装威胁罪、未能发现或者预防此类犯罪的未遂、预备与共谋责任,以及实施危害民主自由罪、逃避服役罪的未遂责任。(2016 年第 508 号法)

第八条 除造成死亡结果的情形外,检察官未经政府授权,不得控诉涉及侮辱国王或者第二条所指个人的第三章至第五章规定的行为。此规定亦适用于实施此类行为的未遂、预备或者共谋以及未能发现此类行为的情形。(1974 年第 565 号法)

第十九章　危害瑞典安全罪

第一条　行为人以暴力或者其他非法手段或者外国援助,使本国全部或者部分被外国势力征服或者依赖于该势力,或者以相似方式割裂本国部分领土的故意,实施存在实现其故意之危险的行为的,承担叛国罪的责任,处十年以上十八年以下监禁或者终身监禁。所涉危险较轻的,处四年以上十年以下监禁。

行为人以借助外国援助,强迫、妨害国家元首、政府、瑞典议会或者最高法院采取措施或者作出决定的故意,实施存在实现此故意之危险的行为的,亦承担叛国罪的责任。(2009 年第 396 号法)

第二条　行为人以暴力方式或者凭借外国援助,给国家招致卷入战争或者其他敌对行动的危险的,如果其行为不构成叛国罪,承担煽动战争罪的责任,处二年以上八年以下监禁。

第三条　行为人被指令代表本国与外国势力谈判,或者与外国势力利益的代表共同管理本国事务,滥用其代表国家的职权或者其他信托职权,因此给本国造成严重损害的,承担违背与外国势力谈判信托罪的责任,处二年以上十八年以下监禁或者终身监禁。(2009 年第 396 号法)

第四条　瑞典公民未经政府或者政府赋权者的授权,在涉及本国的外交事务中允许自己被用作外国势力的代理人,或者借口本人是获得授权的代理人,与外国势力的利益代表就上述事务展开谈判,承担未经授权与外国势力谈判罪的责任,处二年以下监禁。如果国家正处于战争之时,处四年以下监禁。

如果犯罪行为危及国家自决权或者与外国势力的和平关系,处一年以上六年以下监禁。如果国家正处于战争之时,处四年以上十年以下监禁或者终身监

禁。(1976 年第 509 号法)

第五条 行为人以使外国势力获益的故意,未经授权,获取、传输、给予或者泄露关于国家设施、武器、储存、进出口、制造方法、讨论、决定以及任何披露给外国势力可能给瑞典安全带来损害的事务的信息的,无论信息准确与否,都承担间谍罪的责任,处六年以下监禁。

此规定亦适用于行为人以相同的目的,未经授权制作或者处理包括上述信息的书面文件、图画或者其他物品的情形。(2014 年第 383 号法)

第六条 如果实施第五条规定的犯罪情节严重,行为人承担加重间谍罪的责任,处四年以上十八年以下监禁,或者终身监禁。

在认定犯罪情节是否严重之际,具体应考虑行为从正在进行的战争来看性质是否极其危险,从相关事实来看是否特别重要,以及犯罪人泄露的是否为因公私职务而受托的信息。(2009 年第 396 号法)

第七条 行为人无任何使外国势力获益的目的,实施第五条规定的行为,如果所涉信息涉及需要保密的事项,承担未经授权处理保密信息罪的责任,处罚金或者二年以下监禁。(2014 年第 383 号法)

第八条 实施第七条规定的犯罪情节严重的,承担加重未经授权处理保密信息罪的责任,处四年以下监禁。

在认定犯罪情节是否严重之际,具体应考虑行为是否涉及援助外国势力,从正在进行的战争来看性质是否极其危险,从相关事实来看是否特别重要,以及犯罪人泄露的是否为因公私职务而受托的信息。(1976 年第 509 号法)

第九条 行为人因严重过失,传输、给予或者泄露第七条规定的信息的,承担过失处理保密信息罪的责任,处罚金或者一年以下监禁,如果瑞典正处于战争之时,处罚金或者二年以下监禁。(2014 年第 383 号法)

第十条 为使外国势力获益,行为人秘密或者以欺诈方式,实施旨在获得其披露给外国势力可能给瑞典安全带来损害的事务的信息的行为,或者是此类行为的共犯,而且并非临时性的,承担危害瑞典的非法情报活动罪,处二年以下监禁。

如果犯罪情节严重,处六个月以上四年以下监禁。(2014 年第 383 号法)

第十条 a　为使外国势力获益,行为人在本国实施旨在获得其披露给外国势力可能给另一外国势力安全带来损害的事务的信息的行为,或者是此类行为的共犯,而且并非临时性的,承担危害外国势力的非法情报活动罪,处一年以下监禁。

如果犯罪情节严重,处六个月以上四年以下监禁。(2014 年第 383 号法)

第十条 b　为使外国势力获益,行为人在本国秘密或者以欺诈或者不正当方式,实施旨在获得有关他人私人事务信息的行为,或者是此类行为的共犯,而且并非临时性的,承担危害他人的非法情报活动罪,处一年以下监禁。

如果犯罪情节严重,处六个月以上四年以下监禁。(2014 年第 383 号法)

第十一条　行为人实施第三章或者第四章规定的犯罪,通过辱骂其元首或者在瑞典的代表侮辱外国势力,根据相应规定可对行为处六个月以下监禁的,处二年以下监禁。可处六个月以上二年以下监禁的,处四年以下监禁。侵入外国势力代表所持有的场所实施侮辱行为,或者损害该场所或者场所内财产的,上述规定亦适用。(1970 年第 225 号法)

第十二条　行为人未经政府授权,在本国招募他人参加外国军事机构或者其他类似机构,承担非法招募罪的责任,处罚金或者一年以下监禁,如果瑞典正处于战争之时,处二年以下监禁。(2020 年第 16 号法)

第十三条　行为人从外国势力或者在海外代表外国势力利益的人处接受金钱或者其他财产,以出版或者传播书面文书或者其他方式,影响涉及本国政体构成事项或者由议会、政府决定的对本国安全具有重要意义的事项的舆论的,承担接受外国援助罪的责任,处二年以下监禁。(1981 年第 1165 号法)

第十四条　第二十三章规定了实施叛国罪、违背与外国势力谈判信托罪、间谍罪、加重间谍罪、加重未经授权处理保密信息罪、危害外国势力的非法情报活动罪、危害他人的非法情报活动罪的未遂、预备与共谋责任。此规定亦适用于实施未经授权处理保密信息罪的未遂与预备。与外国势力联络,以预备实施叛国罪、使之可能或者促进叛国罪的,视为共谋实施该罪。

第二十三章规定了行为人未能发现或者预防叛国罪、违背与外国势力谈判信托罪、间谍罪、加重间谍罪与加重未经授权处理保密信息罪的责任。此规定

亦适用于行为人虽然没有，但是应该已经认识到犯罪迫在眉睫或者正在进行的情形。(2016 年第 508 号法)

第十五条 因为警告或者类似情况，行为人应该已经认识到叛国罪、违背与外国势力谈判信托罪、间谍罪、加重间谍罪或者加重未经授权处理保密信息罪迫在眉睫或者正在进行，或者构成相应行为共犯的，承担帮助该罪的责任。但是可处的最高法定刑为二年监禁。(1976 年第 509 号法)

第十六条 未经政府授权，检察官不得就危害外国势力的非法情报活动罪、接受外国援助罪、非法招募罪，或者实施危害外国势力的非法情报活动罪的未遂行为、预备行为或者共谋行为提起控诉。

未经政府或者政府赋权者的授权，检察官亦不得就第三章或者第四章规定的涉及对第十一条所指外国势力的侮辱行为提出控诉。此规定适用于实施相应犯罪的未遂行为、预备行为与共谋行为，以及未能发现此类犯罪的行为。(2014 年第 383 号法)

第二十章　滥用职权等罪

第一条　行为人在行使公共职权之际,故意或者过失作为或者不作为,玩忽其职责的,承担滥用职权罪的责任,处罚金或者二年以下监禁。如果从犯罪人的权力、其职责与行使公共职权之间的其他联系以及其他情节来看,犯罪情节较轻,可不予追责。

如果故意实施第一款规定的犯罪或者情节严重,行为人承担加重滥用职权罪的责任,处六个月以上六年以下监禁。在认定犯罪情节是否严重之际,具体应考虑犯罪人是否严重滥用其职权,行为是否给他人或者公众造成了严重损害,或者带来了大量不当利益。

行为人是中央或者地方政府决策委员会成员,在其职责范围内采取措施的,不承担第一款与第二款规定的责任。

如果可根据其他条款对行为予以处罚,第一款与第二款的规定亦不适用。(1989 年第 608 号法)

第二条　废除。(2012 年第 301 号法)

第三条　行为人泄露根据法律法规、其他法令或者授权,或者根据法律法规中的保留条款有义务保密的信息,或者非法利用该秘密,如果该行为未被规定其他具体处罚,承担违反保密义务罪的责任,处罚金或者一年以下监禁。

过失实施第一款规定的犯罪的,处以罚金。但是,在情节较轻的案件中,不予追责。(1980 年第 102 号法)

第四条　已经当选中央或者地方政府涉及行使公共职权的职位者,如果实施法定刑为二年或者二年以上的犯罪,且该犯罪表明其明显不适合担任该职位的，法院可以褫夺其职位。

隶属中央政府、市政府以及地区或者地方机构联邦管理委员会、政府机构、理事会、委员会以及其他公共机构的职位，视同于中央或者地方政府的职位。

第五条 即使存在其他规定，检察官亦可以对下述人员在行使公共职务或者职权过程中玩忽其职责的犯罪提起控诉：

（一）中央或者地方政府的雇员；

（二）隶属中央政府、市政府以及地区或者地方机构联邦管理委员会、政府机构、理事会、委员会以及其他公共机构的成员；

（三）行使受法令规制的职务者；

（四）受《全民国防纪律责任法》（1994 年第 1811 号法）规制者，以及正在被解除法定国民服务者；

（五）不具有第一项至第四项规定的职位或者职务，但是行使公共职权者。

但是，即使有上述规定，下述规定亦适用：

（一）本法典关于未经政府或者政府赋权者授权，不得提起控诉的规定；

（二）其他法律法规中关于只处罚担任第一款所规定的职务或者职位者实施罪行的控诉规定。

如果对于具体案件并无具体规定，就涉及个人被害人的违反保密义务罪的控诉，只有在被害人报案要求控诉或者为保护公共利益所必需，检察官方得以提起控诉。

特殊规定适用于对议会成员、政府部长、最高法院法官或者在议会中以及机构中担任职务或者职务者在行使职权或者职务过程中实施罪行的控诉。（2019 年第 839 号法）

第六条 废除。（1975 年第 667 号法）

第七条 废除。（1975 年第 667 号法）

第八条 废除。（1975 年第 667 号法）

第九条 废除。（1975 年第 667 号法）

第十条 废除。（1975 年第 667 号法）

第十一条 废除。（1975 年第 667 号法）

第十二条　废除。(1975 年第 667 号法)

第十三条　废除。(1975 年第 667 号法)

第十四条　废除。(1975 年第 667 号法)

第十五条　废除。(1975 年第 667 号法)

第二十一章　武装部队人员的战时犯罪

第一条　本章在国家进入战时状态时适用。

在国家处于战争危险、战争或者战争危险导致的极其例外情形时，政府可以规定适用本章。（1986 年第 645 号法）

第二条　在第一条规定的情形已经消失之际，政府应规定本章不再适用。（1986 年第 645 号法）

第三条　在适用本章之际，“武装部队人员”指所有有义务在瑞典武装部队服役的人员。

武装部队人员也包括：

（一）无义务在瑞典武装部队中服役，但是有义务参加国防的警察；

（二）根据《保卫法》（2010 年第 305 号法）任命的保安；

（三）在瑞典武装部队师级单位正在战场或者在相似情况下执行任务时身处其中的人员；

（四）有组织的抵抗军成员。（2010 年第 308 号法）

第四条　本章关于武装部队人员的规定亦适用于：

（一）战犯；

（二）参加瑞典处于中立地位的战争被拘禁者；

（三）在战犯或者被拘禁的交战人员中提供医疗或者宗教服务者。（1986 年第 645 号法）

第五条　武装部队人员拒绝遵守或者疏于遵守上级命令，或者不当迟延执行命令，承担抗命罪的责任，处罚金或者二年以下监禁。但是，如果命令明显不

符合其职责的，不承担责任。（1986 年第 645 号法）

第六条　实施第五条规定的犯罪情节严重的，承担加重抗命罪的责任，处十年以下监禁或者终身监禁。在认定犯罪情节是否严重之际，具体应考虑行为是否实施于战时，或者违反军纪会导致特别重大危险之际。（1986 年第 645 号法）

第七条　武装部队人员非法潜逃或者不显身履职的，承担潜逃罪的责任，处罚金或者二年以下监禁。

犯罪情节严重的，处十年以下监禁或者终身监禁。在认定犯罪情节是否严重之际，具体应考虑武装部队人员是否在交战时或者相关时刻潜逃、潜逃至敌军或者自愿将自己置于敌军控制之下。（1986 年第 645 号法）

第八条　武装部队人员以暴力或者暴力相威胁的方式，侮辱正在履行职责的上级，或者强制、妨碍其采取有关其职责的措施的，承担对上级实施暴力或者暴力威胁罪的责任，处罚金或者二年以下监禁。

哨兵与履行哨兵或者维持秩序职责的武装部队其他人员视同于上级。

犯罪情节严重的，处六年以下监禁。在认定犯罪情节是否严重之际，具体应考虑行为是否实施于战时，或者违反军纪会导致特别重大危险之际。（1986 年第 645 号法）

第九条　武装部队人员未经授权，向敌方武装部队成员或者出现在地方控制区域的人员传递信息或者与之联络的，承担通敌罪的责任，处罚金或者二年以下监禁。（1986 年第 645 号法）

第十条　武装部队人员在交战之际或者违反军纪导致特别危险之际，劝说武装部队其他人员向敌方投降，或者未经授权，在武装部队其他人员面前以其他方式实施足以导致背叛或者士气低落的行为，承担削弱士气罪的责任，处十年以下监禁或者终身监禁。（1986 年第 645 号法）

第十一条　武装部队人员未能根据其承担的职责，准备好国防设施以用于战斗，整备好师级部队进行战斗，通过取得财产或者其他方式准备战争行为的，承担忽视战备罪的责任，处以十年以下监禁或者终身监禁。（1986 年第 645 号法）

第十二条　武装部队人员在担任瑞典武装部队师级首长时，未经授权将交战位置、战争物资或者其他任何对战争行为极其重要的物品交予敌方，或者自己及其师级部队投降的，承担未经授权投降罪的责任，处十年以下监禁或者终身监禁。（1986年第645号法）

第十三条　武装部队人员故意或者因严重过失，在战斗或者与战斗相关的行动中，未竭尽所能，履行职责，促进战争指导的，承担玩忽战斗职责罪的责任，处十年以下监禁或者终身监禁。（1986年第645号法）

第十四条　武装部队人员故意或者因严重过失，玩忽职守，错误性质严重的，承担玩忽职守罪的责任，处二年以下监禁。

如果本章其他条款对上述行为规定了处罚，不根据第一款追责。（1986年第645号法）

第十五条　第二十三章规定了实施潜逃罪的未遂、预备与共谋责任以及未能发现与预防该罪的责任，与实施对上级实施暴力或者暴力威胁罪的未遂、预备与共谋责任。

就玩忽职守罪共犯的责任，仅追究玩忽其职责者。（2016年第508号法）

第十六条　在适用第七条、第九条、第十条与第十二条之际，未与瑞典处于战争状态，但是存在与瑞典发生战争的危险的外国势力视同于敌军。（1986年第645号法）

第十七条　废除。（1975年第667号法）

第十八条　废除。（1986年第645号法）

第十九条　废除。（1986年第645号法）

第二十条　废除。（1986年第645号法）

第二十一条　废除。（1986年第645号法）

第二十二条　废除。（1986年第645号法）

第二十二章　叛国罪等

第一条　在国家处于战争之时，行为人实施下列行为，足以对全面防卫造成严重损害的，或者包括对敌方提供大量援助的，承担叛国罪的责任，处四年以上十年以下监禁或者终身监禁：

（一）妨害、误导或者背叛致力于国防者，或者引诱其哗变、背叛或者士气低落；

（二）背叛、摧毁或者破坏对全面防卫具有重要性的财产；

（三）为敌方获取人员、财产或者服务；或者

（四）实施其他背叛行为。（1986 年第 645 号法）

第二条　行为人实施第一条规定的行为，仅能对全面防卫造成较小损害的或者包括的对敌援助比规定的程度更小，承担变节罪的责任，处六年以下监禁。（1986 年第 645 号法）

第二条 a　废除。（1986 年第 645 号法）

第三条　行为人过失实施第一条或者第二条规定的行为，承担过失损害国家罪的责任，处四年以下监禁。（1986 年第 645 号法）

第四条　实施的第一条至第三条规定的行为包括在敌占区为敌方获取财产或者服务的，如果从当地民众的需求、犯罪人的工作或者其他特殊情节来看，不能认为行为不当的，对行为人不予追责。（1986 年第 645 号法）

第五条　在国家处于战争之时，行为人在公众中传播，向敌人传递或者允许向敌人传递虚假流言或者其他不实言论，足以给国家安全造成危险的，承担传播流言危害国家安全罪的责任，处罚金或者二年以下监禁。

上述规定适用于在国家处于战争之时,在武装部队人员中传播足以造成哗变、背叛或者士气低落的流言者。(1986 年第 645 号法)

第六条 废除。(2014 年第 407 号法)

第六条 a 行为人实施以下行为,如果其行为不构成《灭绝种族罪、反人类罪与战争罪刑事责任法》规定的战争罪,承担非法处置化学武器罪的责任,处四年以下监禁。(2014 年第 406 号法)

(一)发展、生产或者以其他方式获取、储存或者持有化学武器,或者直接、间接将化学武器运输给他人;

(二)使用化学武器;

(三)参与使用化学武器的军事准备;

(四)使用暴动控制剂作为战争手段。

本条第一款第一项至第三项规定的"化学武器",是指《关于禁止发展、生产、储存和使用化学武器及销毁此种武器的公约》规定的此类物品。

犯罪情节严重的,对行为人处以十八年以下监禁或者终身监禁。在认定犯罪情节是否严重之际,具体应考虑行为是否足以有助于大规模地发展、生产或者扩散化学武器,或者正用于人类的此类武器。(2014 年第 407 号法)

第六条 b 行为人使用、发展、生产、获取、持有或者运输反步兵地雷,如果其行为不构成《灭绝种族罪、反人类罪与战争罪刑事责任法》规定的战争罪,承担非法处置地雷罪的责任,处四年以下监禁。(2014 年第 406 号法)

第一款仅适用于 1997 年 9 月 18 日的《杀伤性地雷的使用、储存、生产和转让的禁止及销毁公约》所规定的地雷。

处置第二款所指公约许可的地雷不构成犯罪。

犯罪情节严重的,处十八年以下监禁或者终身监禁。在认定犯罪情节是否严重之际,具体应考虑犯罪是否对正在使用地雷,危及多数人生命健康的行为具有实质意义。(2014 年第 407 号法)

第六条 c (自政府决定之日起生效)行为人违反《全面禁止核试验条约》,参与或者构成核武器试验或者其他核爆行为的从犯的,如果其行为不构成《灭绝种族罪、反人类罪与战争罪刑事责任法》规定的战争罪,承担从事非法核爆

行为罪的责任,处四年以下监禁。(2014 年第 406 号法)

犯罪情节严重的,处以十八年以下监禁或者终身监禁。在认定犯罪情节是否严重之际,具体应考虑行为对核爆是否极其重要,是否危及具有特殊重要性的人或者财产。(2014 年第 408 号法)

第七条　(自政府决定之日起停止实施)第二十三章规定了实施叛国罪或者变节罪的未遂、预备与共谋责任。与敌方接触,以准备、使正在实施的上述犯罪成为可能或者予以推动的,亦构成共谋。在国家处于战争、被占领或者其他敌对行为的威胁之际,即使敌对行为尚未爆发,亦追究预备或者共谋责任。

第二十三章规定了未揭露或者预防叛国罪或者变节罪的责任。第二十三章亦规定了虽然未认识到,但是应该已经认识到上述犯罪迫在眉睫或者正在实施过程中的行为人,因未揭露或者预防叛国罪或者变节罪的责任。(2016 年第 508 号法)

第七条*　(自政府决定之日起开始实施)第二十三章规定了实施叛国罪或者变节罪的未遂、预备与共谋责任。与敌方接触,以准备、使正在实施的上述犯罪成为可能或者予以推动的,亦构成共谋。在国家处于战争、被占领或者其他敌对行为的威胁之际,即使敌对行为尚未爆发,亦追究预备或者共谋责任。

第二十三章规定了未揭露或者预防叛国罪或者变节罪的责任。第二十三章亦规定了虽然未认识到,但是应该已经认识到上述犯罪迫在眉睫或者正在实施过程中的行为人,因未揭露或者预防叛国罪或者变节罪的责任。

第二十三章规定了实施从事非法核爆行为罪的未遂与预备责任。(2016 年第 509 号法)

第八条　废除。(2014 年第 407 号法)

第九条　针对瑞典的盟国、盟国的武装部队或者其成员实施第二十一章或者本章规定的犯罪的,适用针对瑞典、瑞典武装部队或者其成员实施相应行为的有关规定。(1986 年第 645 号法)

第十条　在国家处于战争危险、战争或者战争危险导致的极其例外情形

---

* 本条原文即如此,未作变动。——编者注

时,政府可规定适用第十九章与本章有关国家处于战争之时的条款。在此类情况已经终止之际,政府应废除其规定。

如果国家全部或者部分在无军事抵抗的情况下被外国势力占领,上述各章以及第二十一章关于国防的规定适用于抵抗运动,有关敌军的规定适用于占领势力。(1986 年第 645 号法)

第十一条　本章中,未与瑞典处于战争状态,但是存在与瑞典发生战争的危险的外国势力视同于敌军。(1986 年第 645 号法)

第十二条　废除。(1986 年第 645 号法)

第十三条　废除。(1986 年第 645 号法)

第十四条　废除。(1986 年第 645 号法)

第十五条　废除。(1986 年第 645 号法)

第十六条　废除。(1986 年第 645 号法)

第十七条　废除。(1986 年第 645 号法)

第十八条　废除。(1986 年第 645 号法)

第十九条　废除。(1973 年第 17 号法)

第二十三章 未遂、预备、共谋与共犯

第一条 行为人已经开始实施具体犯罪但是尚未完成的，在法律有具体规定而且存在行为能够完成犯罪的危险或者该危险仅因为偶然情况而被排除的，承担实施该罪未遂的责任。

对犯罪未遂的处罚不得高于对犯罪既遂适用的法定刑，如果对犯罪既遂的最低法定刑为二年或者以上监禁，不得低于监禁。

第二条 行为人以实施或者促进犯罪的故意实施以下行为，法律有具体规定的，承担犯罪预备的责任，行为人承担犯罪既遂或者犯罪未遂责任的除外。

（一）收取或者给予金钱或者其他物品作为对犯罪的报酬或者支付实施犯罪的支出；

（二）采购、生产、给予、收取、持有、运输、组装或者其他相似的方式处置任何易于作为犯罪工具的物品。

法律有具体规定的，行为人承担实施犯罪共谋的责任。“共谋”是指行为人与他人一致就行为作出决定，或者试图教唆他人实施犯罪，或者承担、主动实施犯罪。

对犯罪预备或者共谋的处罚最高不高于对犯罪既遂的法定最高刑，最低可低于法定最低刑。只有在犯罪既遂可处六年或者以上监禁的场合，方可规定高于二年监禁的处罚。

如果犯罪既遂的危险较小，或者从其他情节来看行为性质不严重，对行为人不予追责。（2016 年第 508 号法）

第三条 行为人以中断实施行为或者其他相似方式，主动阻止犯罪既遂，不负犯罪既遂、预备或者共谋的责任。行为人主动阻止其处理的工具被用于犯罪的，即使犯罪既遂，也不得以之为理由对其追责。

第四条　本法就特定行为规定的责任不仅适用于实施该行为者，亦适用于所有通过意见或者行动促进该行为者。此规定亦适用于其他法律法规规定的可处以监禁的行为。

不被视为实行犯者，如果引诱他人实施犯罪，承担教唆犯的责任。如果不构成教唆犯，承担帮助犯的责任。

对共犯可根据归咎于其的故意或者过失进行评估。对代理人、债务人以及其他特殊身份者规定的责任，亦适用于参与该人行为的共犯。

在具体案件中如果另有规定，本章规定不适用。（1994 年第 458 号法）

第五条　行为人因被强制、欺骗或者年轻、缺乏理解或者依赖关系被引诱成为犯罪的共犯或者参与犯罪程度轻微，可处以比相应犯罪法定刑更低的处罚。在犯罪情节轻微的案件中，不予追责。此规定亦适用于特殊身份者共犯的责任。

第六条　行为人未及时报告或者揭露迫在眉睫或者正在实施的犯罪，法律有具体规定的，承担未揭露犯罪罪的责任，根据关于参与犯罪程度轻微的共犯的规定处罚。但是，不得超过二年监禁。在法律有具体规定的场合，行为人虽然没有故意，但是应该已经认识到犯罪迫在眉睫或者正在实施的，亦承担未揭露犯罪罪的责任。

行为人在社团中具有主导性影响，未能预防社团框架内的犯罪，法律有具体规定的，根据第一款承担未预防犯罪的责任。

父母、其他抚养儿童者或者监护人未能阻止其照看或者处于其控制下的人实施犯罪的，承担未预防犯罪的责任。

追究未揭露或者预防犯罪的责任应符合如下条件：

（一）行为已经达到了可罚的程度；

（二）揭露或者预防犯罪不会给行为人或者其他人带来任何危险，在第三款规定的场合，能够在不向公共机构报案的情况下预防犯罪。（2016 年第 508 号法）

第七条　本法关于行为人通过犯罪获取利益或者为自己侵占物品的责任的规定，亦适用于行为人故意为他人获取利益或者为他人侵占物品的情况。

第二十四章　免责的一般事由

第一条　行为人为自我防卫而实施的行为，只有在从侵害的性质、被侵害事物的重要性以及其他情节来看，明显不正义的情况下才构成犯罪。

自我防卫权存在于如下情况：

（一）对人或者物的犯罪攻击被引发或者正在进行中；

（二）行为人被发现与行为存在关联，通过暴力或者暴力威胁，阻止收回财产；

（三）行为人已经非法侵入或者正在试图侵入房间、房屋、庭院或者船舶；以及

（四）行为人被告知离开住家时拒不离开。（1994 年第 458 号法）

第二条　行为人身为矫正机构中的犯罪人或者被留置于看守所、被逮捕或者因其他情况被合法拘押而脱逃，以暴力或者暴力威胁相抵抗，或者以其他方式反抗监管人员的，如果监管人员负有维持秩序的职责，可以使用符合情况要求的正当武力，阻止脱逃或者维持秩序。此规定亦适用于上述人员之外进行抵抗的情形。

有关警察以及某些其他相关人员使用武力的其他规定，见诸《警察法》（1984 年第 387 号法）。关于海岸警卫队警官使用武力的规定见诸《海岸警卫队法》（2019 年第 32 号法）。（2019 年第 34 号法）

第三条　在哗变、交战或者其他不服从命令导致具体危险之际，军事长官可以对不服从的下属采取保证服从所必需的武力。（1994 年第 458 号法）

第四条　在本章规定的上述情形之外，因紧急避险而实施的行为，只有在

从危险的性质、对他人造成的损害以及其他情节来看属于不正当的情况下，才构成犯罪。

“紧急避险”适用于存在威胁生命、健康、财产或者其他法律秩序保护的重要利益的危险之际。（1994年第458号法）

第五条 如果行为人根据本章第一条至第四条、《警察法》（1984年第387号法）第十条或者《海岸警卫队法》（2019年第32号法）第二章第四条或者第六章第二条的规定，有权实施他人实施则可罚的行为，帮助其实施相应行为者拥有相同的权利。（2019年第34号法）

第六条 在适用本章第一条至第五条、《警察法》（1984年第387号法）第十条以及《海岸警卫队法》（2019年第32号法）第二章第四条或者第六章第二条规定的场合，即使行为人的行为超过所允许的界限，如果情节表明其难以控制自己的行动的，亦不负责任。（2019年第34号法）

第七条 获得行为对象同意的行为，只有在从其导致的损伤、侵害或者危险，其目的以及其他情节来看属于不正当的情况下才构成犯罪。（1994年第458号法）

第八条 行为人根据上级命令实施的行为，如果从命令的性质、行为的性质以及其他情节来看，其必须服从命令的，不负责任。（1994年第458号法）

第九条 行为人因对其容许性认识错误而实施的行为，如果认识错误是因为刑法规定的印刷错误或者其他错误而产生，属于明显可以谅解的，不负责任。（1994年第458号法）

第三编

刑　罚

第二十五章　罚　金　等

第一条　罚金根据个罪的相应规定，以日罚金、定额罚金或者标准罚金的形式适用。对于没有规定罚金形式的个罪，以日罚金的形式适用罚金，如果该罪的处罚低于三十项日罚金，以定额罚金的形式适用。（1993 年第 201 号法）

第二条　日罚金的数量高于三十项低于一百五十项。

每一项日罚金的具体数额为五十克朗以上一千克朗以下，根据被告人的收入、财富、对扶养人的义务以及其他财务事实合理确定数额。如果存在特殊理由，可以调整日罚金的数额。

日罚金的最低数额为七百五十克朗。（2006 年第 574 号法）

第三条　定额罚金的数额为二百克朗以上四千克朗以下。但是，如果特别规定了较低的最高数额，适用特别规定。（2006 年第 574 号法）

第四条　标准罚金是根据个罪的相应规定，依据具体计算基础确定的罚金。

标准罚金的最低数额为一百克朗。（1991 年第 240 号法）

第五条　如果每项犯罪都可以处以罚金，罚金可以作为数罪的并罚。

如果存在特殊事由，法院可以对一项或者数项法定刑为定额罚金的犯罪处以定额罚金，同时对其他犯罪处以不同形式的罚金。

以罚金为形式的并罚，不可包括法定刑是标准罚金或者不能易科为监禁刑的罚金的犯罪。（1991 年第 240 号法）

第六条　如果对任一犯罪可适用日罚金，作为数罪并罚的罚金以日罚金的形式适用。

作为并罚,日罚金的数量最高为二百项,定额罚金的最高数额为一万克朗。

如果就任一犯罪规定了具体的最低数额,处罚不得低于该数额。(2006 年第 574 号法)

第七条 罚金归于国家。(1991 年第 240 号法)

第八条 有关收取与返还罚金的规定见诸《罚金执行法》。(1979 年第 189 号法)

除非另有规定,未缴纳的罚金可以根据《罚金执行法》易科为十四日以上三个月以下的监禁。(1991 年第 240 号法)

第九条 第七条与第八条相应适用于法院或者其他公共机关在具体案件中作出的财产刑。本章关于罚金的规定适用于其他财产刑。(1991 年第 240 号法)

第二十六章　监　　禁

第一条　根据个罪的规定,监禁以有期或者终身的方式适用。

有期监禁不得低于十四日或者高于十年。但是,如果个罪规定了高于十年的监禁或者终身监禁,或者存在第二条或者第三条规定的情形,可规定有期监禁不高于十八年。在根据第二十八章第三条,将监禁与缓刑结合适用之际,该条的规定适用于监禁刑刑期。

存在有关监禁与罚金易科的规定。(2009 年第 396 号法)

第二条　如果对数罪中的任何一罪可处以监禁,监禁可作为数罪的并罚适用。

有期监禁可高于数罪中的最高刑刑期,但是不得高于数罪最高刑的总和刑期或者十八年,也不得高于最高刑刑期:

(一)一年,如果最高刑不超过四年监禁;

(二)二年,如果最高刑为四年或者以上,但是不超过八年;

(三)四年,如果最高刑为八年或者以上。

在适用第二款之际,罚金视同于十四日监禁。

刑罚不得低于最低刑中的最高者。(2009 年第 396 号法)

第三条　被判处二年以上监禁者,在判决确定之后,再实施可判处六年以上监禁之罪的,可因再犯被判处高于该罪最高刑四年的监禁。在实施数罪的情况下,对数罪判处的最高刑根据第二条确定,但是不得超过十八年。

不满二十一周岁者实施的犯罪可不构成第一款中提高刑罚的基础。

外国判决可具有与瑞典判决相同的效果。(2009 年第 396 号法)

第四条 除非另有规定,被判处监禁者进入矫正机构执行刑罚。(2018 年第 1253 号法)

第五条 在监狱执行已经开始,上诉法院增加了刑期之际,上诉法院的判决或者决定立即生效,除非法院另有决定。

但是,第一款规定不适用于已经根据《以电子监控设备严密监视法》(1994 年第 451 号法)开始执行的监禁。(2018 年第 1253 号法)

第六条 在被判刑人服满三分之二且至少三十日的刑期之后,对之可附条件释放。

在外国判决于瑞典执行与在外国被执行相比,被判刑人被羁押的时间相当长之际,附条件释放开始适用的时间可早于第一款规定的时间。

在根据第二十八章第三条适用监禁或者罚金易科的场合,不适用附条件释放。(2018 年第 1253 号法)

第六条 a 如果存在不得附条件释放的特殊理由,根据第七条推迟适用。在认定是否存在不得附条件释放的特殊理由之际,具体应考虑被判刑人在矫正机构被执行之际:

(一)是否参加或者忽视旨在预防再犯或者促进适应社会的规定措施;以及

(二)是否相反地严重违反执行的规定或者条件。(2021 年第 74 号法)

第七条 如果附条件释放被推迟,决定应宣告日数。

在决定推迟附条件释放的日数之际,具体应考虑导致附条件释放被推迟的违反行为的性质与范围。附条件释放每次最长可推迟一百八十日。(2018 年第 1253 号法)

第八条 如果数个监禁判决同时被执行,在适用第六条第一款之际应考虑监禁的总刑期。但是,此规定不适用于根据第六条第二款执行的监禁、根据第二十八章第三条判决的监禁或者罚金易科的情形。

根据《视同在羁押场所服刑时间法》(2018 年第 1253 号法)被视为刑罚已经执行的时间,记入服刑时间。(2018 年第 1253 号法)

第九条 瑞典监狱与缓刑署决定是否根据第六条 a 与第七条推迟附条件

释放。其决定立即生效，除非另有决定。（2018 年第 1253 号法）

第十条　考察期间等同于释放之日起的监禁剩余期间，但是至少为三百六十五日，自附条件释放之日起计算。

如果附条件释放不能被宣告撤销，考察期间结束后，刑罚完全执行完毕。

第十一条　在考察期间，被释放者必须遵守秩序，尽其所能自我谋生，支付根据其罪行判处的损害赔偿。

在考察期间被传唤之际，被释放者有义务向瑞典监狱与缓刑署报告。（2019 年第 464 号法）

第十二条　如果为预防其实施新罪或者以某种方式促进其回归社会所必需，对附条件释放者进行监管。

监管令由瑞典监狱与缓刑署签发。

除非另有决定，监管于考察期满之际结束。（2019 年第 464 号法）

第十三条　监管以及其他形式的监外执行措施由瑞典监狱与缓刑署处理。

瑞典监狱与缓刑署任命缓刑官，并可以任命一至二人协助监管。（2019 年第 464 号法）

第十四条　在监管期间，瑞典监狱与缓刑署必须通过支援与控制措施，努力保证被释放者不实施新罪，并促进其总体上回归社会。

对所有接受监管的被释放者，应量身定做个性化计划。应根据被判刑者的情况，与所涉公共机构进行合作，规划与调整监管计划。在计划中，瑞典监狱与缓刑署可以就在监管期间的适用措施给出指示。（2019 年第 464 号法）

第十四条 a　只有在与其目的成合理比例的情况下，才可以适用控制或者强制性措施。如果影响较小的措施足够，必须适用该措施。（2019 年第 464 号法）

第十五条　接受监管者必须执行第十四条第二款规定的计划，让缓刑官知晓其生活安排、职业以及其他对监管具有重要性的事项。被监管者也有义务在被传唤时向缓刑官报告或者根据缓刑官的指示与其保持联络。

瑞典监狱与缓刑署可以命令，被监管者根据第一款承担的义务亦适用于瑞典监狱与缓刑署的职员或者他人。（2019 年第 464 号法）

第十六条 如果为降低被监管者实施新罪的风险或者促进其以某种方式回归社会所必需，瑞典监狱与缓刑署可以签发被监管者必须遵守的特别规定。该规定签发的期限每次最高为一年。

特别规定可涉及：

（一）被监管者必须与其缓刑官或瑞典监狱与缓刑署保持联络的方式及其程度；

（二）被监管者告知其缓刑官或瑞典监狱与缓刑署其旷工、旷课或者其他行为以及不出现于规定指定的场所的义务；

（三）参加与预防再犯以及药物滥用相关的项目；

（四）药物滥用治疗、心理护理以及其他治疗；

（五）工作、教育以及其他职业；

（六）受控的生活安排以及其他关于生活安排的指示；

（七）居住地或者其他关于被监管者必须或者不得停留的地点或者区域；以及

（八）提供血液、尿液、呼吸、唾液、汗液或者毛发样品的义务，以确定被监管者未处于酒精、其他成瘾性物品、《禁止特定兴奋类物品法》（1991 年第 1969 号法）第一条规定的物品或者《禁止特定损害健康的物品法》所涵盖的物品的影响。（1999 年第 42 号法）

如果被监管者有义务支付其罪行导致的损害赔偿，可就履行损害赔偿支付义务的时间与方式作出特别规定。此规定仅在考虑到被监管者的经济情况以及其他情形，认为不会阻碍其回归社会的程度内作出。（2021 年第 249 号法）

第十七条 如果为保证第十六条的规定得到遵守所必需，瑞典监狱与缓刑署可以命令进行电子监控。

可命令进行电子监控的期间为每次最多六个月。（2021 年第 249 号法）

第十八条 如果存在理由，瑞典监狱与缓刑署可以在考察期间，改变根据第十二条、第十三条第二款、第十六条以及第十七条作出的命令，或者根据上述命令采取新的措施。

缓刑官在具体案件中可决定如何执行根据第十六条作出的规定。除涉及

根据第十七条作出的电子监控的决定外，缓刑官也可以暂时放松其他适用于监管的规定或者指示。（2019 年第 464 号法）

第十九条　如果被释放者违反适用于监管的规定或者指示，瑞典监狱与缓刑署可以采取第十八条第一款规定的措施。如果相应措施不充分，瑞典监狱与缓刑署可以决定向被释放者发出警告。

如果第一款规定的违反行为情节严重，可以认为被释放者不会通过瑞典监狱与缓刑署能够根据第一款采取的措施得到矫正，缓刑委员会可以宣布取消附条件释放，每次最高九十日。在决定取消的期限之际，具体应考虑导致取消的违法行为的性质与程度。

如果认为如此足够，缓刑委员会可以以第一款规定的措施取代之。（2019 年第 464 号法）

第二十条　在考察期结束后，不可决定采取第十八条第一款规定的警告或者措施。在考察期结束后，可以决定取消附条件释放，如果之前缓刑委员会已经提起该事项。（2019 年第 464 号法）

第二十一条　关于取消被判处监禁而再犯新罪者的附条件释放的规定，见诸第三十四章。（2019 年第 464 号法）

第二十二条　在出现宣告取消附条件释放，采取第十九条规定的其他措施、被释放者必须接受护理或者治疗的措施或者被释放者逃脱监管的问题之际，如果存在相应情节，缓刑委员会可以决定以适当的方式将被释放者不定期收监。只要存在理由，就可随时对该决定进行复核。

收监期限不得超过一周。如果存在例外事由，可以作出新的决定，命令将被释放者再度收监，最高一周。考察期限结束之后，不得继续收监。（2019 年第 464 号法）

第二十三条　如果附条件释放被部分或者全部取消，就新的附条件释放，被取消的期间视为新的监禁判决。在根据《监禁期间法》（2018 年第 1251 号法）计算刑期之际，此规定亦适用。（2018 年第 1253 号法）

第二十四条　废除。（2019 年第 464 号法）

第二十五条　如果终身监禁判决与罚金、罚金易科、有期监禁、附条件量刑、缓刑、青少年护理、青少年社区服务、青少年监管或者青少年设施内护理判决同时执行，终身监禁判决取代其他制裁适用。

如果二年以上有期监禁判决与罚金、在最早涉及的制裁已经开始执行之前决定的罚金易科同时执行之际，有期监禁判决取代其他制裁适用。（2020 年第 617 号法）

第二十七章　附条件量刑

第一条　对罚金被视为不充分制裁的罪行，法院可适用附条件量刑。(1988 年第 942 号法)

第二条　附条件量刑可与日罚金同时适用，无论法定刑是否包括罚金，最高不超过二百项。(1991 年第 240 号法)

第二条 a　如果被告人同意，附条件量刑可与社区服务条款合并适用。此条款涉及承担至少四十小时至多二百四十小时的无偿服务。

在法院签发社区服务条款之际，判决必须载明如果选择适用监禁刑，刑期多长。

如果存在理由，社区服务条款可以根据检察官的动议改变或者撤销。(1998 年第 604 号法)

第三条　接受附条件量刑者，接受为期二年的考察。

考察期以宣告接受或者其他方式，自法院就被判刑者所犯罪行施加制裁的决定生效之日起开始计算。

第四条　在考察期内，被判刑者必须遵纪守法、自食其力。

在附条件量刑与社区服务合并适用之际，被判刑人必须按照瑞典监狱与缓刑署制订的工作计划完成社区服务。(2005 年第 967 号法)

第五条　如果被判刑人承担因犯罪产生的赔偿损失或者损害赔偿义务，必须竭尽所能履行这一义务。法院可以规定在考察期内，其必须按照判决载明的时间与方式，努力履行支付全部或者部分损害赔偿的义务。

如果犯罪行为导致了财产损害，而且有利于促进被判刑人回归社会，法院可以规定其必须以判决载明的时间与方式,协助被害人开展旨在补偿或者限制损害或者从犯罪与损害的性质来看适当的工作。此规定只能在获得被害人同意的情况下签发。(1987 年第 761 号法)

第六条　在被判刑人不遵守附条件量刑的要求之际,如果检察官在考察期满之前提起诉讼,法院可根据情节:

(一)决定对被判刑人发出警告;

(二)根据第五条签发规定,或者改变之前的规定;

(三)撤销附条件量刑,对犯罪行为适用新的制裁。

第一款第一项或者第二项规定的措施不可在考察期满之后适用。

如果附条件量刑被撤销,在决定新的制裁之际,法院必须对根据第二条适用的罚金以及被判刑人因社区服务规定已经承受的东西予以合理考虑。在此类案件中,法院可适用比个罪法定刑较轻的监禁。如果判决载明了第二条 a 所指的信息,法院在决定监禁的刑期之际对之予以考虑。(2016 年第 491 号法)

第七条　有关被判刑人在被发现实施新罪之际,撤销其附条件量刑以及其他措施的规定,见诸第三十四章。

第二十八章　缓　　刑

第一条　在认为罚金作为对犯罪的制裁不充分之际，法院可以适用缓刑。（1988 年第 942 号法）

第二条　缓刑可与日罚金合并适用，无论个罪的法定刑是否包括罚金，最高不超过二百项。（1991 年第 240 号法）

第二条 a　如果被告人同意，罚金可以与社区服务条款合并适用。此条款涉及承担至少四十小时至多二百四十小时的无偿服务。

在法院签发社区服务条款之际，判决必须载明如果选择适用监禁刑，刑期多长。

如果存在事由，瑞典监狱与缓刑署可以改变或者撤销社区服务条款。（2021 年第 249 号法）

第三条　缓刑可以与最低十四日最高三个月的监禁合并适用。

如果法院合并适用缓刑与监禁，不得根据第二条同时适用罚金，或者签发社区服务条款。

如果客观情况要求，法院可命令执行监禁刑，即使其尚未最终生效。（1998 年第 604 号法）

第四条　缓刑考察期为三年，自制裁开始实施之日起计算。（1983 年第 240 号法）

第五条　缓刑自判决之日与监管合并适用。但是，法院可以决定在被判刑人的判决最终生效之前不适用监管。在判决被上诉之际，上级法院可决定中止执行。

监管在考察期满之际结束或者在瑞典监狱与缓刑署决定的日期提前结束。但是监管期限不得少于一年。

在上级法院决定终止执行之际,如果被告人之后仍然被判处缓刑,缓刑未被执行的时间不计入监管期间或者考察期间。(2021 年第 249 号法)

第五条 a 在缓刑与社区服务条款合并适用之际,被判刑人必须按照瑞典监狱与缓刑署制订的工作计划完成社区服务。(2021 年第 249 号法)

第六条 第二十六章第十一条以及第十三条至第十八条的规定适用于被判处缓刑者。但是,法院必须在判决中任命缓刑官,有特殊理由的情况例外。

在判决中,法院可根据第二十六章第十六条第二款第三项至第八项、第三款,以及第二十七章第五条第二款规定条款。如果存在事由,瑞典监狱与缓刑署可以根据第二十七章第五条第二款改变或者撤销某一条款。(2021 年第 249 号法)

第六条 a 废除。(2021 年第 249 号法)

第六条 b 在第三十章第九条第二款第三项规定的场合,如果计划好的治疗是缓刑判决确定的,法院必须在判决中载明,如果选择适用监禁刑,刑期多长。

同时,在此类案件中,被判刑人承诺遵守治疗计划的条款应在判决中载明。

有关上述治疗计划,可规定在被判刑人严重违反根据计划承担的义务之际,任何对治疗负责者必须告知瑞典监狱与缓刑署与检察官。(2019 年第 464 号法)

第六条 c 在第六条 b 规定的案件中,如果被判刑人被收监于羁押场所,法院可命令在转交至治疗计划载明的治疗中心或者提供护理的场所之前,继续留置被判刑人于该场所。羁押不可超过一周。(2019 年第 464 号法)

第七条 如果被判刑人违反缓刑判决附加的条件,瑞典监狱与缓刑署可以采取第二十六章第十八条第一款规定的措施。如果该措施被认为不充分,瑞典监狱与缓刑署可以决定对被判刑人发出警告。

在考察期满之后,瑞典监狱与缓刑署不可以决定采取第一款规定的措施。(2021 年第 249 号法)

第八条　如果被判刑人严重违反附加条件,可以认为其不会通过瑞典监狱与缓刑署能够采取的措施得到矫正,该署必须要求检察官向法院提起诉讼,撤销缓刑。在第六条 b 第一款规定的场合,如果被判刑人严重违反治疗计划附加的义务,不经瑞典监狱与缓刑署要求,亦可提起诉讼。

诉讼必须在考察期满之前启动。(2021 年第 249 号法)

第九条　如果缓刑被撤销,法院必须对案中罪行决定新的制裁。在作出决定之际,应合理考虑被判刑人因缓刑判决而承受的东西,以及根据第二条或者第三条适用的罚金或者监禁。在此类案件中,法院可适用轻于个罪法定刑期的监禁。如果判决载明了第二条 a 第二款或者第六条 b 规定的信息,在决定适用的监禁的刑期之际,法院必须予以考虑。

如果撤销缓刑的事由不充分,法院可相应地命令采取第七条规定的措施。该措施不可在考察期满之后采取。(2020 年第 373 号法)

第十条　有关被判刑人在被发现实施新罪之际,撤销其缓刑以及其他某些措施的规定,见诸第三十四章。

第十一条　在出现撤销缓刑、采取第七条规定的措施或者被判刑人必须接受护理或者治疗的措施或者被判刑人逃脱监管的问题之际,接受诉讼的缓刑委员会或者法院可根据情节命令以适当的方式将被判刑人收监,等待新的命令。只要存在理由,对该决定可随时予以复核。

被收监者不可因上述理由被羁押超过一周。但是,如果存在特殊事由,可以通过新的决定,再度命令对其予以羁押,最多不超过一周。

如果在法院发出撤销缓刑的决定之际,被判刑人处于被羁押状态,可以命令对之继续予以羁押,直至该决定最终生效。

不可在考察期满之后继续留置被羁押者。(1987 年第 761 号法)

第二十九章　决定刑罚与免除制裁

第一条　鉴于统一法律适用的益处,应根据一罪或者数罪的刑罚价值,在可适用的法定刑幅度范围内决定刑罚。

在评估刑罚价值之际,应考虑损害、行为的违法性或者危险,行为人有关于此的认知或者应该的认知以及其故意或者动机。应特别考虑行为人是否涉及对他人的生命、健康或者人身安全的严重侵害。(2010 年第 370 号法)

第二条　在评估刑罚价值之际,在适用于具体个罪的从重情节之外,具体还应考虑:

(一)被告人是否意图实施具有比实际造成的后果更严重的后果的犯罪;

(二)被告人是否表现出了严重的残忍;

(三)被告人是否利用了他人的无助地位或者难以保护自己的困难;

(四)被告人是否滥用了其地位或者滥用某种特殊信任;

(五)被告人是否以强制、欺骗、利用他人年少无知、缺乏理解或者处于依赖地位的方式,引诱他人成为共犯;

(六)犯罪是否有组织或者是系统性犯罪活动的一部分,犯罪之前是否有具体谋划;

(七)犯罪动机是否因种族、肤色、民族或者伦理根源、宗教信仰、性取向或者变性身份或者表述,或者其他类似情形,意在侮辱他人或者某一群体;

(八)犯罪是否足以破坏儿童与其家庭成员之间关系的安全与信任;

(九)针对他人实施犯罪的原因是否是其本人或者其家人担任中央、城市或者地区或者萨米议会、欧洲议会的当选代表;

（十）犯罪动机是否是为了保护或者恢复某人、直系亲属、旁系亲属或者类似群体的荣誉。（2020 年第 349 号法）

第三条　在评估刑罚价值之际，在针对特定案件规定的从宽情节之外，具体应考虑：

（一）犯罪是否是因为他人明显的侮辱行为招致；

（二）被告人是否因为严重精神障碍，认识行为的含义或者相应调整自己行为的能力降低，或者因为精神障碍、情感或者其他原因，控制自己行为的能力降低；

（三）被告人的行为与其成长不足、缺乏经历或者判断存在关联；

（四）犯罪是否因人的强烈同情而招致；

（五）虽然仍存在责任，但属于第二十四章规定的行为。

如果为犯罪的刑罚价值所需，可适用轻于法定刑的刑罚。（2010 年第 370 号法）

第四条　在决定刑罚之际，如果被告人之前已经被认定承担刑事责任，法院在被诉之罪的刑罚价值之外，对此应予考虑，除非该情节在选择制裁之际已经被考虑，或者在撤销附条件释放之际已经被充分考虑，适用更严厉的刑罚。在就此进行评估之际，具体应考虑此前犯罪的严重性、数罪之间的间隔时间、前罪与后罪是否相似以及二者是否都特别严重。（2010 年第 370 号法）

第五条　法院在决定刑罚之际，在被诉之罪的刑罚价值之外，应合理考虑：

（一）被告人是否因犯罪行为造成了严重人体伤害的结果；

（二）被告人是否会因为高龄或者身体不适，受到根据被诉之罪刑罚价值决定之刑罚的不合理的严重影响；

（三）从被诉之罪的性质来看，该罪是否自实施以来，已经经过异常漫长的时间；

（四）被告人是否尽其所能，尝试去预防、救济或者限制犯罪的损害性影响；

（五）被告人是否自首，或者提供了对侦查犯罪而言极其重要的信息；

（六）被告人是否会因犯罪被驱逐出境，继而受到伤害；

（七）被告人是否会因将被或者可推测将被解雇或者接到雇主的解雇通告，或者在职业或者商业活动中遭受打击或者特殊困难而受到伤害；

（八）从犯罪产生的其他法律制裁来看，根据该罪刑罚价值决定的刑罚是否不成比例地严厉；

（九）是否存在其他情节，要求对被告人的处罚轻于根据犯罪刑罚价值所决定的刑罚。

在存在第一款规定的情节的场合，如果存在特殊事由，法院可以适用轻于个罪法定刑的刑罚。（2015 年第 78 号法）

第六条 如果从第五条规定的情节来看，适用制裁明显不合理，法院可免除制裁。（1988 年第 942 号法）

第七条 如果行为人在二十一周岁之前实施犯罪，在决定刑罚之际应对其低龄予以特殊考虑。法院可适用轻于个罪法定刑的刑罚。

对于行为人在二十一周岁之前实施的犯罪，不得适用重于十年监禁的刑罚。但是，如果个罪的法定刑包括更长刑期的监禁或者终身监禁，或者如果适用第二十六章第二条，可适用不超过十四年的监禁。（2009 年第 396 号法）

第三十章　选 择 制 裁

第一条　在选择制裁之际，监禁的严厉性重于附条件量刑与缓刑。

有关适用特殊护理令的规定见诸第三十一章和第三十二章。（2006 年第 891 号法）

第二条　对任何人不得根据同一罪行判处一个以上制裁，除非另有规定。（1988 年第 942 号法）

第三条　在行为人对数罪担责之际，法院可并罚，除非另有规定。

如果存在特殊事由，法院可对一罪或者数罪适用罚金，并同时对其他犯罪适用不同制裁。此外，法院可对一罪或者数罪适用监禁，并同时对其他犯罪适用附条件量刑或者缓刑。

在上级法院审理下级法院数项判决裁判的犯罪之际，对每项判决裁判的犯罪都可适用独立的制裁。（2016 年第 491 号法）

第四条　在选择制裁之际，法院应特殊关注有利于适用轻于监禁的制裁的情节。因此，法院应考虑第二十九章第五条规定的情节。

在犯罪的刑罚价值与性质之外，如果被告人之前曾经被认定有罪，法院可将之作为适用监禁的事由考虑。（1988 年第 942 号法）

第五条　就行为人在未满十八周岁之前实施的犯罪，如果存在例外事由，法院可仅适用监禁。其后，根据第三十二章第五条的规定，法院必须优先选择适用青少年机构护理，而非监禁。

就行为人在已满十八周岁未满二十一周岁之际实施的犯罪，如果从行为的刑罚性质而言或者存在其他特殊事由，法院可仅适用监禁。（2006 年第 891

号法)

第六条 因严重精神障碍影响而实施犯罪者,优先适用监禁之外的制裁。如果存在特殊事由,法院可仅适用监禁。在认定是否存在特殊事由之际,法院应考虑:

(一)犯罪的刑罚价值是否较高;

(二)被告人不需要或者仅需要有限的心理护理;

(三)从犯罪来看,被告人是否通过醉酒或者其他相似方式使自己陷入上述状态;

(四)其他情节。

如果被告人因为严重心理障碍,缺乏认识自己行为内涵或者相应调整自己行为的能力,法院不可适用监禁。但是,如果被告人以第一款第三项规定的方式自我陷入无能力状态,这一规定不适用。

在第一款或者第二款规定的场合,如果法院认定不应施以制裁,被告人不受制裁。(2008 年第 320 号法)

第七条 作为附条件量刑的事由,如无特殊理由担忧被告人再度实施犯罪,法院在选择制裁之际,应将之考虑在内。

作为适用附条件量刑而非监禁的特殊事由,如果被告人同意附加社区服务规定的量刑,而且这一规定从被告人的特征以及其他情节来看是适当的,法院可将之考虑在内。(1998 年第 604 号法)

第八条 附条件量刑与日罚金合并适用,除非从被告人完成社区服务的义务或者犯罪的其他后果来看,罚金对被告人的影响过于严厉,或者存在其他不宜适用罚金的特殊事由。(2017 年第 442 号法)

第九条 作为缓刑的事由,如果有理由相信制裁有助于预防被告人再度实施犯罪,法院在选择制裁之际可将之考虑在内。

作为适用缓刑而非监禁的特殊事由,法院可考虑:

(一)在与犯罪相关的任何方面,被告人的个人或者社交情势是否发生了实质改善;

(二)被告人是否正在因滥用物质或者其他与其犯罪相关的情况接受

治疗；

（三）需要护理或者其他治疗的成瘾性物质滥用或者其他情况是否对犯罪实施产生了实质性影响，而且被告人宣布同意根据可以与刑罚执行配合安排的个人计划接受适当治疗；以及

（四）被告人是否同意附加社区矫正条款的缓刑，而且从被告人的特征以及其他情节来看，这一条款是适当的。（1998 年第 604 号法）

第十条　在认定是否应将缓刑与日罚金合并适用之际，法院应考虑从犯罪的刑罚价值与性质或者被告人的前科来看是否必要。（1998 年第 942 号法）

第十一条　只有在从犯罪的刑罚价值或者被告人前科来看绝对必要的情况下，才可以将缓刑与监禁合并适用。（1988 年第 942 号法）

第三十一章　特定案件中的特别护理令

第一条　废除。(2006 年第 891 号法)

第一条 a　废除。(2006 年第 891 号法)

第二条　如果能够根据《特定案件滥用药物者护理法》(1988 年第 870 号法)处理犯罪人,法院可以将其交予社会福利委员会,或者在犯罪人已经被提供此类护理的机构接纳的场合,将之交予机构监管者安排必要护理。在法院决定签发护理令之前,应听取社会福利委员会或者机构监管者的意见。

如果个罪的法定刑为一年以上监禁,第一款规定的护理令只有在存在特殊事由的情况下才能够签发。(2001 年第 457 号法)

第三条　如果实施了罚金不足以制裁其罪的行为人患有严重精神障碍,而且从其精神状态与其他情节来看,有必要让其进入医疗机构接受心理护理,附加监禁或者其他强制措施,法院可以命令其接受司法心理护理。

如果行为人是在严重心理障碍的影响下实施了犯罪,在存在心理影响可能再度导致严重犯罪活动的危险的场合,法院可以根据《司法心理护理法》(1991 年第 1129 号法)命令就护理情况进行特别的出院评估。

如果从被告人的前科或者其他特殊事由来看存在必要性,法院可以适用与司法心理护理令相关的其他制裁,但是监禁例外,或者适用不同类型的特别护理令。(1991 年第 1138 号法)

第四条　废除。(1991 年第 1138 号法)

第三十二章　青少年特别护理令

第一条　如果未满二十一周岁的犯罪人对《社会服务法》(2001 年第 453 号法)或者《青少年护理法》(1990 年第 52 号法)规定的护理或者其他措施有特殊需要,而相应护理或者措施可适用于青少年,法院可对其处以青少年护理。适用护理或者措施的目的,必须是预防青少年的不良成长。

只有在社会服务机构已经规划相应措施,与青少年社区服务或者罚金适当并处,从刑罚价值与性质以及青少年的前科来看可以认为影响充分的情况下,才能适用青少年护理。

如果是根据《社会服务法》采取措施,法院必须签发规定,命令青少年必须遵守社会福利委员会为其制定的契约。契约的内容在判决中载明。

如果是根据《青少年护理法》采取措施,社会福利委员会制定的护理计划追加于判决之后。

在犯罪行为导致财产损害之际,如果认为有利于促进青少年回归社会,法院可以在适用青少年护理之际,规定青少年必须在判决确定的时间内,以判决规定的方式,协助被害人开展旨在救济或者限制损害,或者其他从犯罪的性质与损害来看适当的工作。这一规定只有在被害人同意的情况下才能签发。(2006 年第 891 号法)

第二条　如果从其个人以及其他情节来看青少年社区服务是适当的,可以对未满二十一周岁的犯罪人处以该制裁。被处以青少年社区服务者,必须履行从事二十小时以上一百五十小时以下无偿工作或者其他特别安排的活动的义务。

只有在存在特殊事由的情况下，对已满十八周岁者才可处以青少年社区服务。

如果从犯罪的刑罚价值、青少年的前科来看，该制裁的影响足以深远，而且不存在适用青少年护理的事由，法院可以适用青少年社区服务。在选择青少年社区服务或者罚金之际，如果青少年社区服务的影响并不过于深远，则选择该制裁。（2015 年第 80 号法）

第三条 如果从犯罪的刑罚价值或者性质或者青少年的前科来看有必要，法院可以将青少年护理与下述措施合并适用：

（一）第二条第一款和第二款规定的青少年社区服务；

（二）二百项以下的日罚金，无论罚金是否为所涉之罪的法定刑。

在选择青少年社区服务或者罚金之际，如果青少年社区服务的影响并不过于深远，则选择该制裁。（2006 年第 891 号法）

第三条 a 如果从犯罪的刑罚价值与性质，或者从青少年的前科来看，青少年护理与针对青少年犯的社区服务都不足以产生深远影响，对未满二十一周岁的犯罪人可处以青少年监管。对已满十八周岁者，只有在存在特殊事由之际才可以适用青少年监管。

法院可在六个月以上一年以下确定青少年监管的期限。

被处以青少年监管者必须参加执行计划，并遵守执行计划确定的内容。

有关执行的规定见诸《青少年监管执行法》。（2020 年第 617 号法）

第四条 如果被判刑人严重违反与青少年护理相关的规定的要求，以致必须遵守青少年契约，或者严重违反青少年社区服务或者青少年监管判决的要求，法院可以根据检察官的动议，撤销对所涉之罪适用的罚金之外的一项制裁，决定适用新的制裁。但是，在发出警告足矣的场合，法院可以对被判刑人发出警告，而非撤销相应制裁。

如果因第一款规定之外的其他事由，青少年契约计划的护理或者措施未实现，或者实际的护理或者措施与契约或者护理计划的内容差距甚大，法院可以根据检察官的动议，撤销对所涉之罪适用的罚金之外的一项制裁，决定适用新的制裁。在因为第一款规定之外的其他事由，青少年社区服务判决在合理时间内不能够实质完成，或者就青少年监管，执行计划规定的措施未实现，或者实际的措施与执行计划规定的措施差距甚大的场合，上述规定同样适用。

如果撤销一项以上制裁，法院可决定对数罪进行并罚。

如果法院决定根据第一款或者第二款规定撤销一项制裁，在决定新的制裁之际，法院应考虑被撤销的制裁已经对被判刑人产生的影响，以及根据第三条第一款第二项适用的罚金的影响。（2020 年第 617 号法）

第五条　如果行为人在十八周岁之前实施犯罪，法院根据第三十章认定应适用监禁，代之以有期青少年设施内护理。但是，如果从诉讼程序开始时的年龄或者其他情节来看，存在不宜适用的特殊事由的，上述规定不适用。

法院可在十四日以上四年以下确定青少年设施内护理的期限。

关于执行的规定见诸《青少年设施内护理执行法》（1998 年第 603 号法）。（2006 年第 891 号法）

第三十三章　废　除

本章已被废除。（2018 年第 1253 号法）

第三十四章　在既有判决之后确定新的制裁

第一条　已被判处监禁、附条件量刑、青少年护理、青少年社区服务、青少年监管、青少年设施内护理，在判决之前实施其他犯罪（新发现之罪），或者被判刑者在判决之后，制裁执行完毕或者以其他方式结束之前实施新罪（新罪），法院对于之外的犯罪应决定新的制裁。

在第三条与第四条规定的情形，如不对之外的犯罪决定新的制裁，法院可以决定之前适用的制裁覆盖之外的犯罪，或者撤销之前的制裁，对数罪进行并罚。

如果被判刑人正在服终身监禁刑，法院只能决定之前适用的制裁覆盖之外的犯罪。（2020 年第 617 号法）

第二条　在对新发现之罪适用新的制裁的场合，法院在决定制裁之际，应保证新适用的制裁不超过数罪并罚的最高刑期。法院可适用轻于所涉之罪法定刑的处罚。（2016 年第 491 号法）

第三条　法院可决定之前适用的制裁覆盖其他犯罪。这一决定只有在从制裁的角度来看，新发现的犯罪与之前判决认定的犯罪相比，并无多大重要性的情况下作出。

如果之前的制裁是青少年护理、青少年社区服务、青少年监管或者青少年设施内护理，如果存在特殊的事由，法院也可在其他案件中决定之前适用的制裁覆盖之外的犯罪。（2020 年第 617 号法）

第四条　法院可以撤销之前的制裁，对数罪进行并罚。这一决定只有在存在如此为之的特殊理由，而且之前的判决已经生效，且判决在之前的制裁完全执行之前宣告的情况下才能作出。

在决定数罪的制裁之际,法院应合理考虑之前判决对被判刑者的影响。法院可因此判处轻于法定刑的监禁。

在适用监禁的场合,如果第二十七章第二条 a 第二款、第二十八章第二条 a 第二款或者第二十八章第六条 b 第一款规定的信息得以载明,在确定宣告刑期之际应予考虑。(2019 年第 464 号法)

第五条 在将第一条第一款或者第三条的规定适用于被从监禁附条件释放者,或者所涉之罪实施于考察期间,附条件释放全部或者部分应予撤销,除非特殊事由另有所指。

作为不撤销附条件释放或者仅撤销部分附条件释放的特殊事由,法院可考虑:

(一)与之前的犯罪相比,新罪的性质是否较轻;

(二)前罪与后罪的间隔时间是否较长;

(三)撤销是否看上去不合理。

如果法院不根据第一款的规定撤销,可命令采取第二十六章第十九条第一款规定的措施,或者在第二十六章第十条规定的时间之后,延长考察期限,最长为三百六十五日。但是,法院不可根据第二十六章第十七条的规定命令采取电子监控。

第三款规定的措施仅在考察期限结束之前适用。仅在被释放者已被羁押于监禁场所或者在考察期结束前的一年内根据检方的通知在服刑的案件中,可以命令撤销。(2019 年第 464 号法)

第六条 如果根据第三条,法院已经在终局判决中命令之前案件中判处的监禁、附条件量刑、缓刑、青少年护理、青少年社区服务、青少年设施内护理覆盖其后的犯罪,在之前的制裁被上级法院的终局判决改变之际,应根据检察官的通知对之外犯罪的制裁事项重新审查。在根据第二条决定适用监禁、附条件量刑、缓刑或者青少年设施内护理,改变之前制裁的场合,上述规定亦适用。

当有期监禁或者青少年设施内护理即将进入执行程序,如果发现被判刑者是在因另一犯罪被判处制裁之前实施的该罪,而且判决并未指出将第二项制裁考虑在内，如果判决已经终局，法院必须根据第二条规定的检察官通知，决定被判刑者可能受到的即将执行的刑罚的影响。这一审查不影响刑罚执行，除非法院另有决定。（2020 年第 617 号法）

第七条　如果缓刑是与第二十八章第三条规定的监禁合并适用，在适用本章之际，监禁制裁应被视为缓刑的一部分。（2016 年第 491 号法）

第八条　在自首或者向瑞典引渡执行判决的场合，如果行为人因数罪并罚被判处监禁，根据他国立法，自首或者引渡不能适用于所涉数罪，法院应根据检察官的通知，撤销并罚，对所有能够适用自首或者引渡的数罪决定制裁。

第一款的规定适用于根据《刑事判决国际合作法》（1972 年第 260 号法）、《欧盟相互承认与执行羁押判决法》（2015 年第 96 号法）以及《非羁押性护理国际合作法》（1978 年第 801 号法）在海外执行关于数罪的瑞典刑事判决的情况。（2016 年第 491 号法）

第九条　废除。（1981 年第 211 号法）

第十条　废除。（2016 年第 491 号法）

第十一条　废除。（2016 年第 491 号法）

第十二条　废除。（1979 年第 680 号法）

第十三条　废除。（1981 年第 211 号法）

第十四条　废除。（1975 年第 667 号法）

第十五条　废除。（1975 年第 667 号法）

第十六条　废除。（1975 年第 667 号法）

第十七条　废除。（1975 年第 667 号法）

第十八条　废除。（2016 年第 491 号法）

第三十五章　制裁时效

第一条　除非嫌疑人已经被羁押于监禁场所,或者在如下期间内根据检方的通知服刑,不得适用任何制裁:

(一)所涉之罪的最高处罚为一年监禁的,二年;

(二)所涉之罪的最高处罚为一年以上二年以下监禁的,五年;

(三)所涉之罪的最高处罚为二年以上八年以下监禁的,十年;

(四)所涉之罪的最高处罚为八年以上监禁的,十五年;

(五)所涉之罪可判处终身监禁的,二十五年。

在诉讼涉及数罪的场合,尽管有上述规定,只要对数罪中的一罪可处以制裁,则对所有犯罪皆可处以制裁。

第二条　本章中关于制裁时效的规定,不适用于:

(一)第三章第一条与第二条规定的谋杀罪与误杀罪。

(二)第六章第一条第一款或者第三款规定的强奸罪与加重强奸罪,如果犯罪被害人未满十八周岁。

(三)第六章第四条规定的强奸儿童罪或者加重强奸儿童罪。

(四)《禁止切割女性生殖器法》(1982 年第 316 号法)第二条第一款与第三款规定的犯罪,如果犯罪被害人未满十八周岁。

(五)《种族灭绝罪、危害人类罪与战争罪刑事责任法》(2014 年第 406 号法)第一条、第二条与第十一条规定的灭绝种族罪、危害人类罪以及加重战争罪。

(六)在与第二条结合适用之际,《恐怖主义犯罪刑事责任法》(2003 年第

148 号法)第三条第一项、第二项规定的犯罪。

(七)第一项、第五项以及第六项规定的犯罪的未遂。

但是,如果行为人在实施第一款规定之罪未满二十一周岁的,可适用本章关于制裁时效的规定。(2020 年第 173 号法)

第三条　如果被羁押在拘禁场所者未在检方通知的情况下服刑即被释放,或者针对在检方通知的情况下已经服刑完毕的行为人的案件被驳回或者从法院审理名录中撤销,在考虑适用制裁的可能性之际,羁押或者服刑视为未曾发生。

第四条　第一条规定的期间,从犯罪实施之日起计算。如果诉讼行为需要在适用制裁之前发挥特定效果,从效果产生之日起计算期间。

就下述规定所列犯罪,第一条规定的期间从被害人年满或者将年满十八周岁之日起计算:

(一)第六章第四条至第六条、第八条与第九条,以及实施相应各罪的未遂;

(二)第六章第一条至第三条、第十条与第十二条,以及实施第六章第一条、第二条以及第十二条规定各罪的未遂,如果犯罪被害人未满十八周岁;

(三)第十六章第十条 a 第一款与第六款,以及实施相应各罪的未遂,如果罪行涉及色情影响中儿童的画像,而且适用第一款并不意味着其后不能施以制裁;

(四)《禁止切割女性生殖器法》(1982 年第 316 号法)第二条,以及实施相应各罪的未遂,如果犯罪被害人未满十八周岁。

就情节不轻微的会计犯罪,期间从维持账户义务人被宣布破产、接到或者得到和解安排或者暂停付款之日起计算,如果行为发生于犯罪之日起五年内。如果维持账户义务人在犯罪之日五年内接受瑞典税务署的审计,期间自决定审计之日起计算。(2020 年第 173 号法)

第五条　废除。(1971 年第 964 号法)

第六条　自第四条规定的日期起,经过如下时间的,不得施以制裁:

(一)如果所涉之罪的最高处罚为罚金,而且对该罪进行制裁的期限系根据第一条第一项的规定决定的,五年;

(二)在第一项之外的场合,如果所涉之罪的最高处罚为二年以上监禁的,十五年;

(三)在其他场合,三十年。(1971 年第 964 号法)

第七条 自判决生效之日起五年后,罚金判决的时效终结。如果在规定的期间结束之时,被判刑人被通知可申请罚金易科,而其申请尚未得到最终裁决,上述规定不适用。如果其申请未使得罚金得到易科,在法院关于该案的判决终局之际,罚金时效终结。有关适用罚金易科判决的时效终结,另有特别规定。

如果被判刑人死亡,罚金时效终结。但是,如果判决在被判刑人健在期间成为终局,动产已经被固定或者置于公共保管之下以支付罚金,用该财产支付罚金。

上述关于罚金的规定亦适用于附条件财产刑。(1983 年第 351 号法)

第八条 如果自判决终局之日起,监禁判决经过下述期间并未开始执行,其时效终结:

(一)如果刑期为一年以下,五年;

(二)如果刑期为一年以上四年以下,十年;

(三)如果刑期为四年以上八年以下,十五年;

(四)如果刑期为八年以上,二十年;

(五)如果是终身监禁,三十年。(1971 年第 964 号法)

第九条 在监禁执行期间被中止的场合,适用第八章的规定,相应地继续执行,根据剩余刑期计算继续执行期间。期间自被中止之日起计算;在因假释被释放但是假释被宣告撤销的场合,自撤销决定生效之日起计算。

第十条 如果自判决终局之日起经过五年,青少年设施内护理并未开始执行,其时效终结。

如果青少年设施内护理在执行期间被中止,相应地适用第一款的规定,以继续执行。期间自被中止之日起计算。(1998 年第 604 号法)

第十一条 如果自判决终局之日起经过五年,青少年社区服务并未开始执行,其时效终结。

如果青少年社区服务在执行期间被中止,相应地适用第一款的规定,以继续执行。期间自被中止之日起计算。(2006 年第 891 号法)

第三十六章　没收财产、公司罚金以及其他犯罪的特殊法律后果

没　收

没收收益

第一条　如果并非明显不合理，应宣告没收本法典规定的个罪的收益。此规定亦适用于行为人作为用于犯罪的成本的对价而接收的财物，如果接收行为构成本法典规定的犯罪。可以宣告没收所接收财物的价值，取代所接收的财物本身。

除非另有具体规定，第一款的规定亦适用于其他法律法规规定的犯罪的收益以及成本的对价，如果该罪的法定刑为一年以上监禁。（2008 年第 370 号法）

第一条 a　在认定宣告没收犯罪收益是否明显不合理之际，具体应考虑是否有理由要求承担犯罪损失的赔付义务或者履行此义务，以及其他情节。（2008 年第 370 号法）

第一条 b　在第一条规定的情形之外，如果行为人实施了法定刑为四年以上监禁的犯罪，该罪具有带来收益的性质，而且该收益属于犯罪收益的可能性更大，亦应宣告没收财产。可以宣告没收财产的价值，取代财产本身。

在犯罪具有带来收益的性质的场合，如果行为人实施了如下犯罪，第一款亦适用：

（一）侵犯数据安全罪、剥削儿童进行性拍摄罪、受贿罪、行贿罪以及第十

六章第十条 a 第一款第一项至第四项规定的儿童淫秽物品犯罪；

（二）《毒品刑法》（1968 年第 64 号法）规定的毒品犯罪或者该法第三条 b 第一款规定的非法买卖易制毒物品罪；

（三）《禁止兴奋剂法》（1991 年第 1969 号法）第三条第一款规定的兴奋剂犯罪；

（四）《走私处罚法》（2000 年第 1225 号法）第六条第一款规定的走私毒品罪；

（五）《外侨法》（2005 年第 716 号法）第二十章第八条第一款规定的走私人口罪，或者该法第二十章第九条第一款规定的组织走私人口罪；

（六）其他法定刑为二年以上监禁的犯罪，或者构成有组织犯罪活动一部分的犯罪。

构成第一款或者第二款规定的犯罪未遂或者共谋的，各款有关没收财产的规定亦适用。

如果不具有合理性，可不命令适用本条规定的没收。（2016 年第 486 号法）

第一条 c 就没收与取代收益的财产，收益以及取代收益的财产的税收视同犯罪或者犯罪活动的收益。（2008 年第 370 号法）

没收犯罪工具等

第二条 如果为预防犯罪所需或者存在其他特殊事由，可宣告没收用作犯罪工具的财产。在犯罪既遂，行为构成可罚的未遂、可罚的预备或者共谋的场合，此规定适用于意图用作实施本法典规定之罪的工具的财产。

第一款的规定亦适用于通过本法典规定之罪产生的财产、对其的使用构成相应犯罪的财产以及处置方式构成相应犯罪的财产。

可宣告没收财产的价值，取代财产本身。

除非另有特殊规定，如果法定刑为一年以上监禁，第一款与第三款的规定亦适用于用作或者意图用作其他法律法规规定的犯罪的工具的财产。（2005 年第 283 号法）

第三条　在第二条规定的情形之外，也可命令没收：

（一）基于其特定性质或者其他情节，存在被用于犯罪目的的危惧感的物品；

（二）容易被用于实施侵害生命或者健康的犯罪，而且从所涉相关情节来看有理由害怕其被用于此目的的物品；

（三）容易被用于实施损害财产的犯罪，而且从所涉相关情节来看有理由害怕其被用于此目的的物品。（1989 年第 136 号法）

第四条　如果商务人员从在商业过程中实施的犯罪中获得财产利益，即使不符合第一条或者第二条的规定或者并无其他特别规定，亦应宣告没收财产利益的价值。

如果没收不具有合理性，第一款的规定不适用。在认定是否属于此类案件之际，应考虑是否有理由相信商务人员会被要求承担与犯罪相关的财产利益的偿付义务或者履行此义务，以及其他情节。

如果无法收集没收对象的证据或者收集存在困难，可以根据情节，估计合理的价值数额。（1986 年第 1007 号法）

关于没收对象等

第五条　除非另有规定，作为犯罪的结果，可以没收如下人员的财产或者其价值：

（一）实行犯，或者共犯；

（二）处于实行犯或其他共犯位置者；

（三）从犯罪中获利者，或者第四条规定的商务人员；

（四）在犯罪之后，通过离婚财产分割、遗赠、遗嘱、赠予或者其他方式获得所涉财产，而且知道或者有合理理由推测该财产与犯罪之间存在关联者。

如果在犯罪时，所涉财产并不属于第一款第一项至第三项规定的人员，可不宣告没收财产。但是，对视同于第一条 c 收益的财产可宣告没收，如果被没收的财产所取代的财产在犯罪时属于第一款第一项至第三项规定的人员。（2016 年第 486 号法）

第五条 a 可从下述人员处没收属于第一条 b 规定的犯罪行为的收益：

(一)实行犯，或者构成没收基础的犯罪的共犯；

(二)通过财产分配、遗赠、遗嘱或者赠予方式获得所涉财产者；

(三)以其他方式获得所涉财产，而且知道或者有合理理由推测该财产与犯罪之间存在关联者。

有关从第一款第二项与第三项规定的人员处没收财产诉讼的程序性规定见诸《特定案件没收犯罪收益程序法》(2008 年第 369 号法)。(2008 年第 370 号法)

第五条 b 有关被宣告没收的财产的特殊权利继续存在，除非同时被宣告撤销。

如果财产被宣告没收，因附属关系获得的权利终止，除非该权利因特殊原因被命令继续存在。(2008 年第 370 号法)

第六条 若不没收，法院可命令采取措施以防财产被滥用。(1986 年第 118 号法)

公司罚金

第七条 若检察官申请，可根据实施于如下过程而且法定刑为定额罚金以上的犯罪对公司处以公司罚金：

(一)商业活动；

(二)可以等同于商业活动的公共活动；

(三)公司实施的其他活动，如果所涉之罪易于为公司带来财产利益。

适用公司罚金还要求：

(一)所涉公司未实施合理行为预防犯罪。

(二)所涉犯罪由下述人员实施：

1. 因代表公司的权限或者以公司的名义决策而处于领导位置者；

2. 其他负有特殊控制或者监管活动义务者。

"公司"是指个体经营者与法人。

如果犯罪是针对公司,则第一款的规定不适用。(2019 年第 829 号法)

第八条　在因数罪对公司适用公司罚金之际,法院可决定对数罪的公司罚金进行并罚。

在决定公司罚金的数额之际,首先,确定制裁的价值为五十万克朗以上一千万克朗以下。制裁的价值根据数罪的刑罚价值确定。具体应考虑犯罪所涉及的损害或者危险,数罪与经营之间的关系。应合理考虑涉案公司是否之前已经被命令支付公司罚金。

除非第九条或者第十条另有规定,公司罚金的数额根据相应制裁价值确定。(2019 年第 829 号法)

第九条　如果制裁的价值为五十万克朗以上,对大型公司确定的公司罚金数额应高于第八条的规定(增加的公司罚金)。增加的公司罚金的数额从涉案公司的财务状况来看应具有正当性。但是,增加的公司罚金的数额不得超过制裁价值的五十倍。

"大型公司"是指符合《年度决算法》(1995 年第 1554 号法)第一章第三条第一款第四项规定的标准的个体经营者与法人。

本条的规定不适用于中央政府、都市以及地区。(2019 年第 839 号法)

第十条　在下述情形,公司罚金的数额可低于第八条与第九条要求的标准:

(一)犯罪对公司导致了其他支付义务或者特殊法律后果,对犯罪的总体反应不成比例地严厉;

(二)公司的所有人或者持有人因犯罪被处以制裁,对于他们而言,对犯罪的总体反应不成比例地严厉;

(三)公司曾竭尽所能地试图预防犯罪,救济或者限制犯罪的损害影响;

(四)公司主动报案;

(五)存在其他予以调整的特殊事由。

如果为第一款规定的情节所必需,可以免除公司罚金。(2019 年第 829 号法)

第十条 a　可能导致公司罚金诉讼的犯罪存在如下情形,如果为保护公共

利益所必需,只能由检察官对犯罪提起公诉:

(一)是因过失而实施;而且

(二)不能假设其可能导致罚金之外的任何制裁。(2006 年第 283 号法)

一般规定

第十一条 即使被处以第一章第三条规定的其他制裁,法律法规中关于被判刑者特殊法律后果的规定仍然得以适用。

在适用第一款之际,附条件量刑、缓刑以及,除非判决另有规定,特殊护理令视同于监禁。如果判决如此规定,缓刑与特殊护理令视同于六个月以上监禁。(1986 年第 118 号法)

第十二条 在没收财产或者其他犯罪可能导致的特殊法律后果要求行为人已经被宣告制裁之际,如果对该罪的制裁被赦免,法院可在事实要求的范围内宣告产生相应的特殊法律后果。(1986 年第 118 号法)

第十三条 如果实施犯罪者未满十五周岁或者在严重精神障碍影响下实施行为,法院只有在从行为人的精神状态、犯罪的性质以及其他情节来看具有合理性的情况下,可命令没收财产或者采取犯罪可能导致的特殊法律后果。(1991 年第 1138 号法)

第十四条 如果因为犯罪人死亡或者其他原因不能再处以制裁,只要从犯罪实施之日起五年内提起公诉,可宣告没收财产,根据被施以制裁的犯罪判处公司罚金,或者命令采取其他措施防止滥用。

但是,只要没收的公诉从致使制裁不能适用的情节发生之日起一年内提起,对没收犯罪收益或者在犯罪中用作或者意图用作工具的财产的诉讼亦可进行审查。

如果为保护公共利益所必需,第一款或者第二款规定的诉讼可仅能由检察官提起。在第一款与第二款规定的案件中,适用第三十五章第三条的相应规定。(2016 年第 486 号法)

第十五条 如果自决定生效之日起十年内未开始执行,命令没收财产、采

取措施预防滥用或者公司罚金的决定时效终结。(1986 年第 118 号法)

第十六条　即使法律法规规定必须宣告没收财产或者其他此类特殊法律后果,如果法律后果明显不合理,亦可不予适用。(1986 年第 1007 号法)

第十七条　除非另有规定,没收的财产与公司罚金归于国家。如果对应下列情形的犯罪收益被宣告没收,国家负有代位赔偿被害方或者有权获得赔偿者的义务,最高额为国家根据没收命令获得的财物的价值。在执行命令之际,被没收财产者有权抵减其表明已经赔偿给被害方或者有权获得赔偿者的数额。

(一)个人遭受的损失;或者

(二)个人有权获得的补偿的方式。(2005 年第 283 号法)

第三十七章　缓刑委员会

第一条　政府决定缓刑委员会的全国区划。

除非政府决定某些委员会由更多成员组成，缓刑委员会由主席、副主席以及三位委员组成。主席与两位成员即构成多数。就紧急案件与轻微事务，主席可以委员会的名义独自决定，但是必须在其后的委员会会议上通知该决定。

政府可决定缓刑委员会的部门工作。

关于委员会决定的相关部分适用于部门。（1983 年第 240 号法）

第二条　政府或者政府指定的公共机构任命缓刑委员会的主席与副主席。在主席缺位之际，由副主席代行职责。在主席与副主席都缺位之际，由瑞典监狱与缓刑署任命临时代理人员。主席、副主席以及临时代理人员必须受过法律训练而且有法官任职经历。

其他成员由选举产生。同时选举相同数量的后备人员。如果缓刑委员会仅管辖一个城市，选举由市政府举行，在其他情况下由地区政府举行。如果在委员会辖区内存在不属于相应地区的城市，选举由地区政府与市政府举行，二者之间的划分由郡行政委员会根据人口决定。如果数郡或者一郡的数地属于一个委员会辖区，政府根据相同的基础，确定郡与郡的地区成员与后备人员的数量。

地区政府与市政府关于成员与后备成员的选举，必须至少由地区政府或者市政府成员根据委员会现有成员数量除以选举对象数量后加一得出的份额按比例进行。如果份额不足一，则进行累计，直至构成一个完整份额。此类比例选举的程序性规定见诸《比例选举程序法》（1992 年第 339 号法）。如果后备人员的选举不成比例，征召其履职的命令也必须在选举之时予以决定。

委员会成员与非临时后备人员的任期为四年。经比例选举任命的成员如果在任期结束前辞职，由选举时决定的后备人员中的一人取代其位置。如果非经比例选举任命的成员或者后备人员辞职，任命新的成员或者后备人员在剩余任期内履职。临时代理人员的任期不超过六个月。

在需要任命委员会成员或者后备人员之际，缓刑委员会必须通知任命的机构。(2019 年第 839 号法)

第三条　任何有权在市政府选举中投票，而且在缓刑委员会辖区内登记为选民者，都有资格候选缓刑委员会成员或者后备人员。有《儿童与父母法典》第十一章第七条规定的管理员不能被选为成员或者后备人员。受过法律训练的法官、检察官、警官、瑞典监狱与缓刑署官员、瑞典律协官员以及所有其职责涉及代理他人向法院提起诉讼的人员，都不能选为成员或者后备人员。

缓刑委员会自行认定获选者的任职资格。

如果委员会委员不具有资格，其职务终止。(2010 年第 612 号法)

第四条　废除。(2010 年第 612 号法)

第五条　缓刑委员会的委员与后备人员必须进行司法宣誓。适用于褫夺法官资格的规则同样适用于委员与后备人员。但是，《瑞典司法程序法典》第四章第十三条第七项的规定不适用。

有关高等法院刑事案件投票的相关规定适用于缓刑委员会的决定。(2010 年第 612 号法)

第六条　如果提出请求，被判刑人有权要求就相关事项在缓刑委员会进行口头听证。(2010 年第 612 号法)

第七条　就瑞典监狱与缓刑委员会关于第二十六章第十二条第一款、第十三条第二款、第十五条第二款、第十六条、第十七条、第十九条第一款以及第二十八章第七条的决定，可以向被监管人注册的缓刑办公室所在的缓刑委员会上诉。(2021 年第 249 号法)

第八条　废除。(2021 年第 249 号法)

第九条　有关撤销第二十六章规定的附条件释放的事项，应为措施涉及的

人员指定公共律师,除非必须认为无此需要。(1996 年第 1623 号法)

第十条 除非另有决定,第七条中瑞典监狱与缓刑署的决定以及第十一条中缓刑委员会的决定一经作出,立即生效。(2021 年第 249 号法)

第十一条 就缓刑委员会有关第二十六章第十二条第一款、第十六条、第十七条、第十九条与第二十二条,以及第二十八章第七条与第十一条事项的决定,可以向缓刑委员会所在地地区法院上诉。如果决定涉及第二十六章第十二条第一款、第十六条、第十七条、第十九条或者第二十八章第七条的事项,瑞典监狱与缓刑署可向缓刑委员会提出上诉。上诉时效自上诉人接到通知之日起计算。《法院事务法》(1996 年第 242 号法)适用于此类上诉。但是,缓刑委员会并非法庭上的当事人。

对缓刑委员会根据本法典就第一款规定之外的事项作出的决定不可上诉。(2021 年第 249 号法)

第三十八章　程序性规定以及其他

第一条　在上诉期终结之前，被判处附条件量刑者可提交声明，就施加的处罚表明对判决感到满意。声明亦适用于根据第二十七章第二条适用的罚金。声明根据政府规定的方式提交。

根据规定的方式提交的声明不可撤回。如果被判刑人已经对判决提出上诉，其有关对犯罪判处的制裁的诉讼被视为已经通过声明撤回。

就对监禁、青少年监管以及设施内青少年护理满意的声明，另有单独规定。(2020 年第 617 号法)

第二条　在法院已经根据第三十一章第二条命令行为人接受护理，如果在向法院提交的报告中，社会福利委员会声明可安排的护理之后变得无法组织开展，同法院可根据检察官的申请撤销护理令，对犯罪适用其他制裁。(2006 年第 891 号法)

第二条 a　如果在决定刑罚或者选择制裁之际，根据判决中的陈述，具体考虑了被告人是否会因犯罪被解雇或者接到解聘通知，而判决所依据的假定之后被证实是错误的，初审法院可根据检察官或者被判刑人的申请撤销原制裁，对犯罪适用新制裁。但是，本规定只有在原判未执行完毕之际适用。在提出申请之际，法院可命令无限期中止原判执行。

如果原制裁为附条件量刑或者缓刑，而新制裁为监禁，在决定刑罚之际，必须合理考虑被判刑人已经因附条件量刑或者缓刑判决受到的影响。法院可因此判处低于法定刑的监禁刑期。(2018 年第 1253 号法)

第三条　在适用附条件量刑案件中，第二十七章第二条 a 第三款、第五条第三款以及第六条规定的措施的事宜在初审法院提出。在适用青少年护理、青少年社区矫正以及青少年监管的案件中,第三十二章第四条规定的措施的事宜在初审法院提出。

第二十八章第八条规定的诉讼在被判刑人注册的缓刑办公室所在地,或者最初审理适用缓刑判决案件的法院所在地的地区法院提出。

本条所指的案件亦可在已经针对被判刑人提起刑事指控的法院,或者审理已经针对被判刑人提出适用第三十二章第四条规定措施的案件的法院提出,或者如果法院从调查、成本以及其他情节判断认为适当的场合,由被判刑人的永久居住地法院审理。(2021 年第 249 号法)

第四条 第三十四章第六条中的通知向案件初审法院发出。

第三十四章第八条中的通知向案件初审法院发出。(2016 年第 491 号法)

第五条 在被判刑人接到将要提出案件申请的通知之际,第二十七章第六条或者第二十八章第八条规定的诉讼视为已经启动。(1981 年第 211 号法)

第六条 在地区法院审理第二条或者第二条 a、第二十七章第六条、第二十八章第九条、第三十二章第四条,或者第三十四章第六条第二款、第八条规定的事项之际,陪审员参与审理。本规定亦适用于根据第三十四章第四条撤销制裁,或者根据第三十四章第五条撤销附条件释放或者其他措施的事项。

在审理第二十七章第二条 a 第三款、第五条第三款或者第二十八章第十一条第一款与第二款的事项之际,地区法院应达到包括一名受过法律专业训练法官的法定人数。(2016 年第 491 号法)

第七条 废除。(1981 年第 211 号法)

第八条 在涉及第二条或者第二条 a、第二十七章第二条 a 第三款、第五条第三款或者第六条,以及第二十八章第九条、第三十二章第四条和第三十四章第六条第二款的案件中,地区法院给予被判刑人进行陈述的机会。如果其要求进行口头听证,应获得此机会。在涉及第三十四章第八条的案件中,在可能的情况下,被判刑人有进行陈述的机会。法院以决定的方式裁决此类事项。

就第二十八章第十一条第一款和第二款规定的措施,可在不给予被判刑人陈述机会的情况下命令实施。(2016 年第 491 号法)

第九条　除非另有决定,法院关于第二十七章第二条 a 第三款、第五条第三款、第二十八章第十一条第一款与第二款、第三十四章第六条第二款以及第八条的决定一经作出立即生效。此规定亦适用于根据第二十七章第六条、第二十八章第九条以及第三十四章第五条关于监管以及考察期间的规定作出的决定。(2016 年第 491 号法)

第十条　法院、缓刑委员会或者瑞典监狱与缓刑署作出的警告不迟延地直接告知被判刑人。如果法院或者缓刑委员会不能告知与决定相关的警告,可移交其他法院或者缓刑委员会告知。(2019 年第 464 号法)

第十一条　废除。(1973 年第 918 号法)

第十二条　瑞典警察机构协助法院、缓刑委员会以及瑞典监狱与缓刑署,保证被判刑人出席本法典规定的案件或者事项的裁决,或者接受根据第二十六章第二十二条以及第二十八章第六条 c 或者第十一条规定的羁押。(2019 年第 464 号法)

第十三条　除非另有具体规定,对瑞典监狱与缓刑署根据本法典所作决定不能上诉。(2005 年第 967 号法)

第十四条　对瑞典监狱与缓刑署关于第二十六章第六条 a 与第七条暂缓附条件释放的决定、关于第三十八章第十七条后半段拒绝受理的决定,可向行政法院提出上诉。

向行政法院提出上诉必须获得上诉许可。(2021 年第 249 号法)

第十五条　在瑞典监狱与缓刑署进行重新审查之前,对第十四条规定的决定不可提出上诉。如果是决定针对的对象,决定所涉个人可申请进行重新审查。对尚未进行重新审查的决定提出上诉,视同于申请进行重新审查。

在根据本条进行的重新审查中,不可对决定作不利于所涉个人的改变。(2005 年第 967 号法)

第十六条　申请重新审查必须以书面形式进行,而且瑞典监狱与警察署必须在所涉个人接到决定之日起三周内收到申请。在重新审查的申请中,所涉个人说明申请所指的决定,以及申请对该决定作出何种改变。(2005 年第 967 号法)

第十七条 瑞典监狱与缓刑署审查是否及时接收重新审查的申请。如果接收申请过迟,则拒绝受理,除非该延迟是因为该署就如何申请重新审查向所涉个人提供了错误信息。(2005 年第 967 号法)

第十八条 对第十四条中决定的上诉,向就有关事项首次作出决定之际,对所涉个人注册的矫正机构所在地的行政法院提出。(2009 年第 776 号法)

第十九条 法院必须迅速处理有关第二十六章第六条 a 与第七条规定的暂缓附条件释放的案件。(2021 年第 249 号法)

第二十条 就国家赔偿被判刑人在进行第二十七章第二条 a 第一款、第二十八章第二条 a 第一款以及第三十二章第二条或者第三条第一款第一项规定的无偿劳动过程中造成的损失,政府或者政府指定的公共机构可发布规定。(2006 年第 892 号法)

过渡条款

1975 年第 667 号法

本法自 1976 年 1 月 1 日起生效。

同时,《特定案件婚姻见证人职务责任法》(1948 年第 491 号法)停止实施。

在本法生效之后,不可命令暂停或者撤销职务。就本法生效之前实施,根据旧法第二十章第一条、第二条、第三条以及第四条与新法重新规定的相同条款皆可罚的行为,处以新法规定的处罚。但是,根据旧法处罚较轻的,适用旧法。否则,相应适用《瑞典刑法典采纳法》(1964 年第 163 号法)第五条第一款与第二款的规定。

在本法生效之际,如果法令中规定了保密义务,但是并未规定不履行义务的刑事责任,第二十章第三条的新规定不适用。

如果法律法令包括对已经被新规定取代的规定的引用,引用指向新规定。

如果根据国王陛下的决定通过的法令自行就起诉或者处罚不履行披露或者利用在公共服务或者职责过程中获得信息的禁止性义务的行为发布了特别规定,如果废除或者修改此规定意味着第二十章第三条与第五条的规定可适用,政府可废除或者修改此规定。(1985 年第 740 号法)

1984 年第 275 号法

本法自 1984 年 7 月 1 日起生效。在本法生效之后,旧的规定继续适用于仍然在战时派驻国民警卫文职部门的人员。

1986 年第 118 号法

本法自 1986 年 7 月 1 日起生效。第七条至第十条的规定不适用于本法生效之前实施的犯罪。

1986 年第 645 号法

本法自 1987 年 6 月 1 日起生效。

旧的规定适用于本法生效之前宣告的纪律处罚。

在行为人于本法生效之前已经处于军事羁押之际,适用第三十三章第五条第一款中旧的规定。

1986 年第 1007 号法

本法自 1987 年 1 月 1 日起生效。第三十六章第一条与第十七条的旧规定适用于本法生效之前实施的犯罪。

1988 年第 942 号法

一、本法自 1989 年 1 月 1 日起生效。

二、第三十八章第二条 a 的规定亦适用于本法生效之前实施的行为。但是,如果之前已经宣告了制裁,只有在行为人不会因为犯罪被解雇或者假设接到解雇通知但之后证明错误的情况下才得以撤销该制裁。

1991 年第 240 号法

一、本法自 1992 年 1 月 1 日起实施。

二、如果旧的规定具体设定了不超过一千克朗的罚金最高额,在不超过具体最高额的幅度内以定额罚金的形式适用罚金。但是,对于 1965 年 1 月 1 日之前生效条款规定的罚金最高额超过五百克朗的犯罪,以日罚金的形式适用罚金,如果对犯罪应判处轻于三十项日罚金的,以定额罚金的形式适用。

三、适用于国家之外的行为人的罚金刑的旧规定继续适用。有关法院与其他权力机构在具体案件中对国家之外的行为人宣告的财产刑的旧规定,亦继续适用。

1991 年第 679 号法

本法自 1991 年 7 月 1 日起生效。旧规定适用于本法生效之前实施的行为。

1991 年第 1138 号法

一、本法自 1992 年 1 月 1 日起生效。

二、第三十章第六条与第三十六章第十三条的旧规定适用于本法生效之前实施的犯罪。

三、第三十一章第三条的旧规定适用于在本法生效之后裁决,但是在生效日期之前根据《刑事案件司法心理鉴定法》(1966 年第 301 号法)第三条的规定提交了司法心理鉴定或者国家健康与福利委员会声明的案件。

四、本法生效之前颁布的门诊病人精神护理令仍然执行,即使在生效日期之前尚未开始执行。在生效之后,不可颁发此类命令。

1993 年第 201 号法

一、本法自 1993 年 7 月 1 日起生效。

二、第二十六章第六条至第九条的旧规定继续适用于在本法生效之前被判处有期监禁或者罚金易处为监禁的行为人。

如果本法生效前后宣告的监禁刑在生效之后合并执行，第一款的规定适用于之前的刑罚。

三、如果法律法令引用了已经被本法规定取代的规定，适用新的规定。

1994 年第 97 号法

一、本法自 1994 年 7 月 1 日起生效。

二、第三十八章第二条第二款关于社会福利委员会声明的新规定亦是指郡行政委员会 1994 年 7 月 1 日之前提交的声明。

1994 年第 458 号法

一、本法自 1994 年 7 月 1 日之前生效。

二、1999 年 7 月 1 日之前，第一章第二条第一款的新规定仅适用于 1994 年 6 月最后一日之后生效或者该日之后修正的《瑞典刑法典》之外法律法规中的刑罚规定。

1994 年第 1499 号法

一、本法自 1995 年 1 月 1 日起生效。

二、第三十五章第四条第二款的规定亦适用于本法生效之前实施的犯罪，除非在该日之前根据旧规定处以制裁的可能性已不复存在。

1994 年第 1622 号法

一、本法自 1995 年 1 月 1 日起生效。

二、根据新规定的第一届选举将于 1998 年举行。

三、根据旧规定当选的现任任期为四年，而非三年。

1995 年第 659 号法

本法自 1996 年 7 月 1 日起生效。但是，旧规定继续适用于本法生效之前实施的行为。

1998年第604号法

一、本法自1999年1月1日起生效。

二、第二十六章第六条、第六条a以及第九条的旧规定适用于本法生效之前被判处三个月以上有期监禁的行为人。但是,第六条第五款中所指的决定由瑞典监狱与缓刑署作出。

第一款亦适用于与本法失效之后判处的监禁合并执行的监禁判决。(2005年第967号法)

三、根据第二十六章第七条新规定作出的决定仅能以本法生效之后发生的情节为依据。

四、第二十六章第十条的旧规定适用于在本法生效之前宣告附条件释放的案件。

五、第三十四章第四条关于撤销附条件释放旧规定适用于在本法生效之前的监督考察期内实施新罪的情况。

六、第三十一章第一条与第一条a的新规定亦适用于本法生效之前实施的行为。

七、本法废除《社区矫正法》。(1989年第928号法)

但是,《社区矫正法》第四条的规定继续适用于根据该法发布的规定承担劳动的行为人。

1998年第1703号法

本法第二章第三条与第二十二章第六条b自1999年5月1日起生效,本法其余部分的生效日期由政府决定。

1999年第1081号法

一、本法自2000年1月1日起生效,首先适用于1999年12月31日开始的财政年度。

二、第十一章第五条的旧规定继续适用于根据《保险公司年度审计法(1995年第1560号法)修订法》(1999年第1114号法)过渡条款第三项适用《互助社团法》(1972年第262号法)第二十九条与第三十条的互助社团。

2004 年第 785 号法

本法自 2005 年 1 月 1 日起生效。旧规定适用于本法生效之前实施的行为。

2005 年第 45 号法

本法自 2005 年 4 月 1 日起生效。旧规定适用于本法生效之前发布的决定。

2005 年第 90 号法

一、本法自 2005 年 4 月 1 日,《禁止买春法》(1998 年第 408 号法)停止适用时生效。

二、第三十五章第四条第二款的规定亦适用于本法生效之前实施的犯罪,除非根据旧规定施加制裁的可能性不复存在。

2005 年第 967 号法

一、本法自 2006 年 1 月 1 日起生效。

二、旧规定继续适用于国家监狱与缓刑局对另一监狱与缓刑机构在本法生效之前所作决定的审查,以及对国家监狱与缓刑局在本法生效之前所作决定上诉。在本法生效之后,旧规定中所指的国家监狱与缓刑局代之为瑞典监狱与缓刑署。

2006 年第 431 号法

一、本法自 2007 年 1 月 1 日起生效。

二、第二十六章第六条第二款的决定仅可以本法生效之后发生的情节为依据。

三、第二十六章第七条的旧规定适用于本法生效之前发生的情节。第三十八章第十四条的旧规定适用于此类案件。

四、第三十八章第十九条的旧规定继续适用于在本法生效之前根据第三十一章第一条第三款第二项所施加的制裁。(2006 年第 892 号法)

2006 年第 891 号法

一、本法自 2007 年 1 月 1 日起生效。

二、第三十二章第一条至第三条的新规定亦适用于本法生效之前实施的行为。

三、第三十一章第一条第四款中被废除的规定以及第三十八章第二条、第三条、第六条、第八条以及第九条的旧规定继续适用于在本法生效之前根据第三十一章第一条施加的制裁。

2006 年第 320 号法

一、本法自 2008 年 7 月 1 日起生效。

二、第三十章第六条的旧规定适用于本法生效之前实施的犯罪。

2008 年第 370 号法

一、本法自 2008 年 7 月 1 日起生效。

二、旧规定适用于本法生效之前实施的犯罪。但是,即使犯罪实施于本法生效之后,如果行为人获得财产发生于本法生效之前,旧规定适用于第五条 a 第一款第二项规定的没收。

2010 年第 60 号法

一、本法自 2010 年 7 月 1 日起生效。

二、新规定亦适用于在本法生效之后实施的犯罪,除非根据旧规定施加制裁的可能性不复存在。

2010 年第 308 号法

一、本法自 2010 年 7 月 1 日起生效。

二、但是,在 2011 年 12 月 31 日之前,旧规定适用于保护区警卫。

2010 年第 399 号法

一、本法自 2010 年 7 月 1 日起生效。

二、第三十五章第四条第二款的规定亦适用于在本法生效之前实施的犯罪,除非根据旧规定施加制裁的可能性不复存在。

2010 年第 612 号法

本法自 2011 年 4 月 1 日起生效。上诉法院在本法生效之前受理但是尚未裁决的事项根据旧规定处理。

2010 年第 1881 号法

一、本法自 2011 年 1 月 1 日起生效。

二、第十六章第十条 c 的旧规定适用于国家电影分类委员会在本法生效之前批准拍摄的电影或者录像。同样适用于与国家电影分类委员会批准的电影或者录像的内容相同的移动影像的技术记录。

三、第十六章第十条 d 第二款和第三款关于与瑞典媒体委员会批准拍摄的针对十五周岁以下年龄群体的作品内容相同的电影、录像以及其他移动影像技术记录的规定,亦适用于国家电影分类委员会在本法生效之前批准拍摄的针对十五周岁以下年龄群体的电影与录像。

上述规定亦适用于与国家电影分类委员会批准的电影或者录像的内容相同的移动影像的技术记录。

2013 年第 365 号法

一、本法自 2013 年 7 月 1 日起生效。

二、第三十五章第四条第二款的新规定亦适用于在本法生效之前实施的犯罪,除非根据旧规定施加制裁的可能性不复存在。

2013 年第 856 号法

一、本法自 2013 年 12 月 18 日起生效。

二、第三十五章第四条第二款的新规定亦适用于在本法生效之前实施的犯罪,除非根据旧规定施加制裁的可能性不复存在。

2014 年第 407 号法

一、本法自 2014 年 7 月 1 日起生效。

二、第三十五章第二条的规定亦适用于在本法生效之前实施的构成灭绝种族罪、灭绝种族罪未遂以及加重战争罪的行为,除非根据旧规定施加制裁的可能性不复存在。

2015 年第 80 号法

一、本法自 2015 年 7 月 1 日起生效。

二、新规定亦适用于本法生效之前实施的行为。

2018 年第 1253 号法

一、本法自 2019 年 4 月 1 日起生效。

二、第二十六章第六条至第十一条、第十八条与第二十三条的旧规定继续适用于在本法生效之前根据《量刑计算等法》(1974 年第 202 号法)被宣告有关刑期长度决定的人。但是,在适用第二十六章第八条第二款、第三十三章第六条与第七条以及《量刑计算等法》(1974 年第 202 号法)之际,亦考虑《拘押时间酌量法》。(2018 年第 1250 号法)

2019 年第 464 号法

一、本法自 2020 年 7 月 1 日起生效。

二、第二十六章第十一条最后一句以及第十八条第二项的旧规定继续适用于生效之前决定的监管令。

三、第二十六章第十九条的旧规定继续适用于生效之前发生的情节。

2019 年第 829 号法

一、本法自 2020 年 1 月 1 日起生效。

二、第二章第二条第一款第四项的规定不适用于生效之前实施的犯罪。

2020 年第 173 号法

一、本法自 2020 年 5 月 1 日起生效。

二、第三十五章第二条第一款的新规定亦适用于生效前实施的犯罪,除非根据旧规定施加制裁的可能性不复存在。

2021 年第 74 号法

一、本法自 2021 年 5 月 1 日起生效。

二、旧规定继续适用于生效之前产生的情节。

2021 年第 249 号法

一、本法自 2021 年 5 月 1 日起生效。

二、第二十八章第五条第二款的旧规定继续适用于生效之前宣告的缓刑。